直播带货

从小白到王者

言 锋◎著

中华工商联合出版社

图书在版编目(CIP)数据

直播带货：从小白到王者 / 言锋著. —北京：中华工商联合出版社，
2021.10

ISBN 978-7-5158-3151-0

Ⅰ.①直… Ⅱ.①言… Ⅲ.①网络营销 Ⅳ.①F713.365.2

中国版本图书馆 CIP 数据核字(2021)第 199204 号

直播带货：从小白到王者

作　　者：	言　锋
出品人：	李　梁
责任编辑：	效慧辉　臧赞杰
装帧设计：	天下书装
责任审读：	付德华
责任印制：	迈致红
出版发行：	中华工商联合出版社有限责任公司
印　　刷：	北京柯蓝博泰印务有限公司
版　　次：	2022 年 1 月第 1 版
印　　次：	2022 年 1 月第 1 次印刷
开　　本：	710mm×1000 mm　1/16
字　　数：	210 千字
印　　张：	13.5
书　　号：	ISBN 978-7-5158-3151-0
定　　价：	58.00 元

服务热线：010-58301130-0(前台)
销售热线：010-58302977(网店部)
　　　　　010-58302166(门店部)
　　　　　010-58302837(馆配部、新媒体部)
　　　　　010-58302813(团购部)
地址邮编：北京市西城区西环广场 A 座
　　　　　19-20 层,100044
http://www.chgslcbs.cn

投稿热线:010-58302907(总编室)
投稿邮箱:1621239583@qq.com

序 言

2020 年，疫情的全球蔓延让线下实体经济受到严重的影响，无论是在中国还是在外国，都存在着同样的困境。为了摆脱困境，在 2019 年逐渐火爆的直播带货在这样的情况下大放异彩。

人们足不出户，通过直播带货的平台在主播魔性的鼓动下拼命买买买。一场场直播换来的是一次次销售业绩的震惊刷新，薇娅和李佳琦等网红主播在直播带货圈中掀起的销售神话更使他们成为无数人的榜样。

一时间，平台直播全面开花；

一时间，明星、网红你方唱罢我登场；

一时间，品牌商家纷纷公布直播的销售成绩，震惊业界……

直播带货究竟有多火？火到明星、艺人、CEO、作家、官员等都愿意放下身段，纷纷踏入直播间，就连作为第一代网红企业家的罗永浩遭遇创业失败后，东山再起的第一步也是直播带货。

这一切的原因都在于：直播带货正值流量红利期，赚钱效应不可限量。

直播带货有多赚钱？看看李佳琦和薇娅就知道了。

李佳琦 2019 年的盈利能力超过了 A 股 1000 家上市公司的总和；2019 年"双十一"，薇娅一天带货的销售额超过了 2018 年其在淘宝直播平台全年的销售额 27 亿元。

疫情下，为自救，所有依赖线下渠道的行业都开始用"直播"抢市场、创营收。

在这样红火的大环境下，2019—2021 年，直播行业如雨后春笋般地野蛮生长。各个短视频、社交、电商、综合视频平台也纷纷推出了直播业务。似乎不直播你就落伍了。

本书将从直播带货的各个阶段为你详细分析国内直播带货的发展历史，并为有志于开展直播带货的新手主播给出成长的良方，通过多个维度剖析品牌、个人、平台的直播现状与未来趋势，助你提前掌握直播带货的先机！

目 录

第一章

转变中的直播

第一节　直播不等于街头卖艺 >>>

2005 年，视频聊天室的兴起使网络直播也随之兴起。16 年过去了，直播从载体、内容到形势都有了翻天覆地的变化。直播发展经历了 PC 秀场直播—游戏直播—移动直播—VR 直播四个阶段，直播在内容与形式上不断发展变化的同时，其定义和作用也在一直发展进步。

最早的网络直播可以视为一个娱乐平台。主播们借用直播的手段，将自己的才艺展示给全国各地的观众，通过打赏等方式获得回报。那时候的直播平台，作用非常单一，可以说是一种基于网络技术的大型街头卖艺表演。

在其后，游戏直播的兴起其实也并未脱离这个范畴，不过是直播内容变化了而已，其主旨依然未脱离表演和娱乐的窠臼。

直播的转变在于 2015 年。

2015 年，网络直播行业进入了飞速发展期。由于各种资本看好直播行业的未来，各种资金流入直播行业，同时也因为智能手机的普及以及各种手机直播 APP 如雨后春笋般地兴起，在这个重要的时间节点，直播从娱乐表演平台开始了跨界发展。

2016 年，淘宝直播的上线彻底改变了直播的纯娱乐属性，而开始扩展其商业属性。淘宝直播的上线让一种全新的商业模式——直播带货开始兴起。

直播带货从属性上看与原来的电视购物直播有异曲同功之妙，但为什么这种落伍的购物形式能借助直播的形式重新焕发第二春，是一个值得思考的问题。有人说直播带货就是十多年前的电视购物升级版；也有人说电视购物不能实时互动，但是直播带货可以实时互动。另外无论是电视购物还是直播带货，两者的本质都是通过视频卖货，利用情感进行营销。总结下来，直播带货和电视购物在以下几个方面有较大的差异：

1. 载体不同

电视购物以电视为载体，需要厂商和电视台相合作。要进行电视购物的先决条件是客户必须通过电视来获取商品信息，而直播带货不同，不需要通过电视，只要有网络，有智能手机，就能在任何地方进行参与。这样，从客户来源来说，直播带货的客户要远多于电视购物。

2. 给客户的观感不同

观众打开电视机往往是以娱乐为目的，他们关心自己喜欢的电影和电视剧，但对于电视购物节目往往并不感兴趣。因此遇到自己不感兴趣的电视购物节目要么选择换台要么被动接受，实际对此类节目的观感并算不上好。直播带货则不同，客户登录直播带货 APP 的目的就是为了购物，所以从观众感官方面来说，直播带货针对的客户群体更为精准，给客户的观感更好。

3. 商品的品质不同

厂商和电视台合作制作电视购物节目，往往要承担高额的广告费用和电视节目制作费用，这从根本上提升了产品的销售成本。因此厂商要维护自身的利益，往往只能通过如以次充好、压缩成本等方式来获取足够的利润。另外，在口碑的维护上，厂商并不介意自己卖的产品会对电视台造成信誉损害，只要能赚钱就行。因此，电视购物遭遇假货、劣货的风险就大幅增加，而且后期的售后和维护非常困难。而直播带货不同，任何一个稍有头脑的主播都非常注意维护自身的信誉。虽然也不乏卖假货的主播出现爆雷事件，但这属于慢性自杀，真正有头脑的主播都会自觉维护自身的信誉，这样才能长久。所以比起电视购物，直播带货所销售的商品品质往往更好。

4. 价格优势

电视购物大行其道的年代还是实体经济强势的时期，实体经济最大的弱势在于环节过多，商品的附加成本太大。而信息技术的发展给直播带货带来了生产方式的变革，即工业化生产定制。主播通过直播卖的货往往不是现货，工厂可以通过直播带来的订单进行精准生产。也就是说，从工厂到顾客，中间仅剩下一个直播销售的环节，这就从成本上大大进行了压缩，所以现在直播带货的价格优势是电视购物所不能比拟的。

5. 互动性不同

电视购物的节目是预先录制的，受众只能被动接受，如果有什么疑问是不会有人来回答你的，即便存在热线电话答疑解惑，但这样的方式对于普通顾客来说过于正式又没有太大的必要。而直播的互动性就大大优于电视购物，不管你是否有购买意向，都可以通过直播弹幕实时进行互动，得到回应。这比起刻板的预先录制的电视节目来说就显得更具亲和力，这样才能切实有效地提升购买转换率。

基于以上五点，直播带货虽与电视购物类似，但又有较大的不同，造成这一切的原因就是时机问题。

在电视购物大行其道的年代，电商的规模与实体经济相比还是一个微不足道的存在。彼时人们最为信任的购物渠道依然是百货大楼，虽然那个时候就有网络购物渠道了，但在人们的刻板印象中，都会怀疑非正规实体渠道购买的货品品质，再加上电视购物浮夸的宣传形式，更加剧了这种不信任感。所以，虽然那个时候电视购物铺天盖地，但并未能创造什么像样的商业成绩，随着时间的流逝，终于归于沉寂。

但在十几年后的今天，借助直播平台蒸蒸日上的直播带货却是恰如其时。直播带货能成功离不开这十几年客观环境的发展变化。

第一就是电商平台的做大做强。电商平台的兴起，适应了懒人化的经济形势。现如今，只要有一部智能手机在手，足不出户就能在家中解决很多问题。在这样的现实条件下，人们不再迷恋实体经济的那一套成为直播带货崛起的先决条件。

另外，曾经的电视购物不能兴起，与其配套和后续的服务问题密不可分。而在当下，配套和后续服务都能通过购物 APP 的完整流程得以保证，可以说，直播带货的最大忧患也不复存在了。

2016 年是直播带货的元年，自此至 2020 年，是直播带货飞速发展的黄金时期。得益于各电商平台打造的各种购物节（如淘宝"双十一"，京东"618"等），每年的电商购物节都在创造着新的商业奇迹。

2019 年"双十一"，淘宝直播 1 小时的成交额就超过了 2018 年"双十一"的总额。

直播带货的走红为每一个商家指明了新的方向，直播有流量、有转化、有利润。不管是年销售额过亿，还是刚上线淘宝的小店都纷纷开始了自己的直播，或自己的员工直播，或者找网红直播。一时间，直播平台淘宝、抖音、快手等的直播业务迅猛增长，2020 年的疫情更是将直播推上了顶峰。多卖货，销量和流量一上去，赚的钱就越多。

2020 年，直播带货已经站上了商业领域的新风口。

第二节　商业销售的新风口 》》

2020 年以来，新冠肺炎疫情席卷全球。让饱受冲击的线下营销进入冰点。基于疫情防控需要，居家隔离，实体门店限流、关门，让本来就被电商平台冲击得七零八落的实体经济雪上加霜。

在受困于疫情的期间，薇娅和李佳琦就不用说了，罗永浩、演艺圈的明星、各类业界的大佬……你方唱罢我登场，将直播带货推上了一个又一个新的高峰。

2020 年 5 月 10 日母亲节，董明珠在快手平台上进行直播带货，3 个小时就卖出了 3.1 亿元，接近格力电器网店一年的销售额。通过这次直播，董明珠不但获得了令人瞠目结舌的商业成绩，同时还改变了人们对于格力的刻板印象——格力不是只有空调！

对于董明珠来说，这次直播无论是从商业销售角度来说还是从品牌价值的增长来说，都是一次极为成功的尝试。且业界也普遍认为这种模式比网红带货更为靠谱。董明珠作为格力电器的掌舵者，对自家的产品和消费市场都了如指掌，这比起请一个网红来说，更能打动消费者。只要价格合适，就能轻易实现厂商和消费者的双赢，这种销售省去了很多营销和渠道及人力的成本。这就是直播带货区别于传统营销的商业模式带来的超级红利。

说完直播带货成功的案例，再来看看直播带货不成功的案例。

同样还是董明珠，在这场成功的带货之前曾经还有一次带货直播，但那次直播总共只卖出 20 多万元的货品。原因在于在那一场直播中董明珠坚持不打折无优惠的销售策略，所以销售成绩惨淡。可见直播带货还具有一个比较显著的特征，就是低价为王。

在 2020 年 5 月国内疫情最严重的节点，董明珠带货直播创下了奇迹，另外一位业界大佬罗永浩的带货直播也同样创下了"奇迹"。

罗永浩在 2020 年 3 月加入抖音，开始了带货直播的生涯。但相比于董明珠，同样是业界大佬，同样是直播带货，罗永浩的直播却暴露了一些问题。

2020 年 5 月 20 日晚，罗永浩在微博致歉。因为在直播间售卖的"花点时间"玫瑰花束有质量问题，罗永浩团队在售卖商品原价退款的同时自掏腰包补偿消费者同等现金（约 100 万元），晚上十一点多，"花点时间"微博也发布了道歉声明，再补一份现金。

从此次的罗永浩致歉事件可以看出，直播带货这个行业仍存在很多问题。

这些成功和翻车的案例恰好说明了直播带货这个新风口的"不简单"。

第一个不简单：新风口的风力有限，不是随随便便就能借力飞起来的！

只要找到新风口就能飞翔其实不过是成功者的自谦罢了，就好比说自己的成功只是运气好，不能正确理解这句话的人，往往头脑一热往新风口舍身一跳便"丧命"。

第二个不简单：新风口是风口，有人能借力起飞，而有人只能摔死。

消费者是精明的，信息化时代的最大好处在于信息的透明和共享。直播带货有其自身的优势，就是商业模式的改变，但是商业的本质并没有变。品牌让利后直播就能销售大增，而如果没有优惠，消费者也不会买账，就算是高高在上的大品牌在直播带货时不给予较大的折扣，同样也是销售成绩惨淡，这说明市场并不是缺乏销售渠道。

虽然直播带货火了，但也要注意到其局限性。罗马不是一天建成的，产品品牌的树立也不是一蹴而就的。就以格力电器来说，格力本身就是在国内具有巨大影响力的大品牌，这种影响力来自几十年的客户信任，不是一场直播可以建立起来的，直播带货只是锦上添花。但是如果拿个其他不知名的牌子，即使让某某大咖、网红去直播，也不见得能卖多少货。当然知名的带货网红也不会轻易接这种牌子的业务，他们也害怕自己直播的业绩不好影响到自身的名声和身价。

所以，直播带货是一个让红者更红的捷径，却不一定是让白者变红的逆袭之道。直播带货想要大爆，对于厂商来说做好日常基础的营销比指望直播带货一战成名更为重要，这需要时间的积累和品牌的日常维护。

所以，直播带货在营销方面要注意以下几个问题：

一、引起用户兴趣

对于厂商来说，用户在哪里，利润就在哪里。从消费层面来看，直播平台上的用户大多为年轻消费者，尤其是女性居多，她们潜藏着巨大的购买力。所以，要卖货就要首先吸引她们的目光。直播带货需要依靠团队的力量来打造人设和定位，并且在直播方式上需要具有自己的特色，再结合产品的卖点，就能最大程度地吸引消费者的目光。

二、利用好直播的互动属性

直播带货优于电视购物，互动性是一个不得不提的重要因素。在直播带货的营销过程中，主播可以在视频内容中通过积极频繁的互动与粉丝形成一种良性情感交换，从而可以尽快地形成企业的优质口碑效应来吸引更多的粉丝加入。企业在保证粉丝数量的基础上，也可以根据粉丝的留言或评论来改善产品，从而吸引更多的人进行购买。

三、懂得人性，利用人性

最能够唤起消费者购买欲望的，是高性价比。带货能力强的大主播由于粉丝众多，就使得她们在和厂商的合作中居于较有优势的地位。这个时候，她们在意的要点往往并不是利益相关的分成问题，而是议价权，往往这些人气主播会要求厂商在和自身的合作期间给予商品全网最低价的承诺。这样做的好处是，将最高的性价比和自己相关联。试想一下，一个炙手可热的大品牌的产品，无论是实体店、网店，同样的东西只有在这位人气主播的手中价格最低，这代表什么？这代表着，做她们的粉丝就等同于坐上了"薅羊毛"的专车，这对于主播来说，能最大程度地提高粉丝的黏性。同时，通过直播现场专业的解说，以及和粉丝之间的亲密互动，粉丝们不但在价格上占了大便宜，还从心理上得到了满足，这样的情况下，低价爆款的诞生就不是什么问题了。而这样的销售成绩同样会成为主播们的光环，所以，对于真正有志于直播带货的主播们来说，议价权是比分成更值得关注的要点。

在当前的直播带货中，主播的分成比例是很高的。而且即使有这么高的分成比例，但如果产品不好或者品牌不够硬，知名网红也是不会接的。因为直播带货都是按销售量提成的，如若营销失败，商家可能损失不大，但对于网红主播来说那就是时间和名誉的双重损失。

所以我们要相信一句话："天上永远也不会掉馅饼。"没有无缘无故的热销，踏踏实实做好网络营销才是根本，不然连直播带货的门可能都入不了。

第三节　当下的年轻消费群体 》》》

2020 年，中国人均 GDP 突破 1 万美元的关卡，进入了消费新时期。根据国内媒体的分析，在中国新的消费时代中，年轻人异军突起，成为消费者群体中最值得重视的人群。

消费年轻化得益于国家的发展和消费观念的改变。新一代的年轻消费者有别于他们的父母，新一代的"90 后""00 后"群体一改父辈的保守消费观念，他们敢消费也爱消费，再加上国内电商的兴起，消费渠道的简易化，更让当下的年轻人成为消费的主力。因而直播带货主要的目标群体就是这些年轻人。

2020 年，最早一批的"90 后"已经到了而立之年，在消费市场上也逐渐显现出自有的特点和态度，"90 后"逐渐成为消费圈的主力军。

从人口规模上来说，全国"90 后"的人口已达 2.3 亿人，基本上平均每 6 个中国人中就有一个"90 后"。且当前"90 后"的年龄为22~31岁，即将迎来事业发展的黄金时期。他们既有消费的需要，也有消费的意愿。

从消费渠道来说，"90 后"成长起来的那些年正好是中国互联网蓬勃发展的年代。对于互联网，"90 后"显得格外亲切，他们面对不断涌现的新鲜事物，都有勇于尝试、乐于尝试的态度，同时拥有品牌意识较强的消费特质。

另外，由于现实的因素，"90 后"也依然受到房价高、房租高、竞争激烈等因素的影响，因而普遍社会压力较大。但由于"90 后"自尊心强，并希望得到关注，因此他们对于生活品质的追求更强于较早的"80 后"人群，所以对于日常的消费，他们虽然在经济上并不是主流人群，但在消费领域，"90 后"却毫不吝惜。所以，"90 后"的超前消费状况就成为常态。

我们可以分别从衣食住行等多个方面来看看"90 后"消费群体的消费

特征。

1. 衣：崇尚个性化，突出个人风格，品牌与小众并存，其购物渠道呈现深度互联网化的特质。

"90后"对个性的展现方式多样，他们崇尚时尚，而衣着打扮是最能展现个性、向外界展现自我的方式，所以在衣饰类的消费品中，"90后"倾向于购买能突出个人风格的单品。而由于时代特征，网购是"90后"日常生活中不可缺少的一部分，他们的衣着服饰购物也呈现高度互联网化的特征。网上购物快速便捷，品类繁多，且价格优惠幅度大，"90后"有充足的选择空间。

有市场调查数据显示，具有群众影响力的大众品牌最受"90后"青睐，其次是原创、工厂店与轻奢品牌。在影响衣饰类购买的因素中，款式、质量与价格是"90后"考虑因素中最重要的几个点。相比于"70后"和"80后"的衣饰选择倾向，"90后"并不如他们的前辈一样迷恋奢侈品、国际大牌，而是选择理性的消费观念。由于客观因素，"90后"的经济实力追不上巨大的消费欲望，因此，性价比就成为"90后"最主要的消费诉求。每逢线上打折、购物节或是线下周年庆促销，"90后"们总能抓住机会，拼命"买买买"。

所以，从衣饰的角度出发，直播带货的受众中，"90后"是其中必须要关注的最庞大的消费群体。

2. 食：爱吃，会吃，但不会做！

"90后"爱吃会吃是极为出名的，每当有网红餐厅爆红，门外排起的长龙中超过9成是"90后"。虽然"90后"爱吃且会吃，但他们根本不会考虑自己动手，一是时间不允许，快节奏的生活和工作让"90后"无法付出这样的时间成本，二来，作为互联网时代的中坚力量，通过外出就餐以及外卖的方式解决食的需要才是"90后"的惯有方针。

"90后"在选择餐厅时，并不会考虑餐厅环境、风格是否符合自己的气质。高端大气上档次不重要，味道好才是最重要的。"90后"在餐饮选择中，格外看重食品本身的味道和品质。

大众点评、美食论坛高评分、微博网红打卡地、豆瓣鹅组推荐，街头巷尾平价小吃店等成为"90后"寻找美味的主要方向。

现在的"90后"，不管是上班族还是学生族，每到饭点，习惯性动作是拿起手机点个餐，静静地等待自己的那份美食。一份有关"90后"的调查显示，虽然有61.6%的"90后"会在11点之后睡觉，但38.4%的人却是夜间美食的爱好者，小龙虾、烧烤、炸鸡啤酒，追剧、看小说、刷论坛、吃美食，"90后"们的夜生活才刚刚开始。

从食的角度出发，直播带货也是一个可供选择的方面。食虽然在表面上看似乎并不适合直播带货，但美食的直播一直以来都是颇有市场的；虽然单一食品或餐厅无法满足爆款爆单的庞大业务量，但如果细分到较多的主播身上，进行一些小众的美食直播带货依然是可行的。如果品质足够优秀，这种方式反而是名不见经传的小商家一战成名的最好方式！

3. 住：着重体验与舒适感，追求性价比，深度依赖互联网

在住的方面，"90后"的消费观念是追求舒适，但同时对价格也很敏感。基于这种消费特色，爱彼迎的火爆可谓恰逢其时。"90后"群体在出行游玩时，订房格外注重住房品质、环境与舒适感，但由于资金有限，因此很少选择高端酒店消费场所。有选择、有节制、有计划的消费观，让"90后"们住得舒心又惬意。所以，爱彼迎就成为首选。

而在租房过程中，距离公司远近、与室友相处是否融洽、房间的朝向、房子整体的舒适感、中介还是房东直租、每年的涨租幅度……这些都是"90后"群体租房的考虑因素。而"90后"往往通过互联网方式来进行选择，所以，对于住，"90后"的互联网特质也尽显无疑。

4. 行：主要依赖公共交通工具，购车注重外观与质量，品牌意识较强，但并不唯品牌论。

在交通出行方面，"90后"是最实际的群体，他们往往依赖公共交通工具，但也有经济实力较强的"90后"选择购车出行。"90后"群体买车，既看重车的"颜值"，也看重汽车的驾驶品质与性能。此外，在品牌选择上，德国汽车品牌最受他们青睐，其次是日系与美系品牌。

据网易汽车《"90后"年轻消费群体购车趋势消费报告》的调查，中国有49%的"90后"购车者追求外观和样式，同时也有48%的"90后"购车者追求质量与可靠性。

5. 游：偏爱自由行，随时来一场说走就走的旅行

一份"90后"人群的旅行方式调查结果显示，有84%的人倾向于选择自由行：约上几个好友，提前做旅游攻略，订票订房订景点。说走就走的旅行可以说是"90后"们放松休闲的首选，其次是美食之旅与城市观光。究其原因，"90后"们酷爱自由，思想独立而又标新立异，不想被跟团游束缚，陷入固定的时间行程和被迫买买买，这便成就了"90后"们独特的游玩方式。

游这个方面是当前直播带货的一个盲点，也是当前直播带货的一个极有潜力的领域，但到目前为止，还没有直播带货和旅行直接关联，这是直播带货时代一个值得精耕细作的领域。2020年，四川理塘的丁真意外爆红，导致其后几天，从全国各地飞往该地的航班爆满。可以说，旅行也是可以通过直播来进行带货的商业门类之一，只要有一个合适的时机和角度，旅行这种时效性不强的商业领域，完全可以用直播带货的方式来"催红"。

6. 娱：乐于尝鲜，且呈现深度互联网化特色

作为互联网的伴生一代，"90后"的娱乐可以说和互联网息息相关。互联网的普及，让"90后"接触新型娱乐的方式多样化，有共同兴趣爱好的人们可以通过互联网而聚集在一起，共同玩耍。

"90后"人群非常愿意尝试新鲜事物，并乐意为此付费，任何新游戏、新综艺、新电影、新资讯等，都愿意在第一时间掌握。

娱乐可以说是最早被开发的直播带货领域，热火朝天的游戏直播本身就可以被视为一种"带货"行为。

7. 购：敢购，爱购，有主见

"90后"群体是名副其实的剁手一族，"买买买"是他们的日常，不过他们头脑清醒，选择前喜欢货比三家，爱买但并不盲目。"90后"群体

在消费过程中，非常在意自己的使用感受，他们选择的大多是自己喜欢的东西，但也会考虑和衡量价格、质量和潮流。所以，在购物方面，"90后"虽然敢购爱购，但却不容易被忽悠，他们对于商业广告的接受程度是低于"70后"和"80后"的，显得极其有主见。所以，在直播带货的领域中，要充分注意这种特质。

综上所述，在"90后"的消费世界中，几乎方方面面都可以通过直播带货的方式来进行攻占。所以，对于当前直播带货最主要面对的消费群体，任何有志于直播带货的个人或者商家都需要好好地研究。

除了"90后"的消费特征以外，我们还应该注意到"90后"的消费趋势问题。

1. 彰显个性的小众消费盛行

（1）消费偏好多元化、个性化

"90后"爱好广泛且颇具个人特色，更会为自己的兴趣爱好买单。因文化娱乐产业的兴起，"90后"消费群体受明星、时尚、品牌的影响更为直接，粉丝经济、颜值经济、潮流经济、品牌效应都对"90后"的消费产生重要的影响。具体到直播带货领域，流量明星的号召力就在于此，但也要充分注意到"90后"爱购但有主见的特质，如果产品本身靠谱，再加上喜爱的明星推荐的话，将会无往不利。

（2）小众社群特征鲜明

小众消费将有共同的兴趣爱好、价值观、生活情怀的不同阶层的人聚集在一起，形成以社群为核心的消费群体。"90后"群体在社交时更趋向于"寻找志同道合的小伙伴"，兴趣为王，"90后"在选择"能够一起玩耍的小伙伴"的时候，关注最多的是他/她是否和自己有共同的喜好。所以，这也为某些小众商品的销售和传播提供了一条思路，任何适当的商品通过适当的渠道来进行营销，都会有相关的"90后"消费者进行追捧。

2. 懒人化消费趋势

"90后"的标签很多，"宅"是一个比较重要的标签。生长于物质条件极为丰富的年代，且互联网发展迅速，再加上"90后"所追求的简单快捷的个性等因素，造就了"90后"的"宅"属性。

据调查研究显示，"90后"人群在对自我的认知和评价中，排在首位的是"宅"，窝在家里看书、听音乐、看视频、睡觉是"90后"度过假期时光的首选方式。

由此，懒人经济产生了。社区O2O（把服务送上家门）、餐饮O2O（把饭送到"嘴边"）、旅游O2O（把行程送到眼前）都备受"90后"的青睐，不出家门享受服务，日子过得简单却幸福。

宅属性的固定为直播带货提供了绝佳的平台，如此天时地利人和，更推动了直播带货的发展。

3. 消费中的情感趋势

"我有酒，你有故事吗？"相对于父辈的购物务实属性，"90后"彰显出的个性特色还衍生出一个比较特殊的消费趋势，即消费中的情感趋势。"90后"爱消费，不但消费实际的商品，还热衷于情感类消费。这里的情感类消费是指商品附加的情感需求，简而言之即"卖情怀"。最简单的一个例子，现在有很多游戏公司都在将很多古早游戏进行翻版重制，这种在商业领域被称为"炒冷饭"的东西本应是商业大忌，但结果还不错，很多玩家纷纷买单，他们买的不仅是游戏本身，更是情怀和回忆。

所以，情感需求也是当前"90后"消费者的一大热门趋势。由此可见，"90后"人群有时消费的情感需求会大于使用功能的需求。有故事、有内容、有情怀的消费品更能吸引住"90后"的目光，诱使他们为此慷慨解囊。

因此，在直播带货领域也要充分注意这一点，干巴巴的卖产品只能甩出价格这一个撒手锏，如果在价格上没有太大的优势，我们不妨从情感需求方面着手来制定相应的策略。

4. 超前消费趋势

相较于"70后"和"80后"，"90后"属于敢花钱的一代，一个"敢"字，充分说明了"90后"的超前消费意识。2018年，"90后"短期消费贷款超过3万亿元，约占全年短期贷款总规模的1/3。钱不够，但又想买是"90后"用户选择消费金融产品的首要原因。可以说，"90后"的人群之所以在消费群体领域中独树一帜，原因就在于他们热衷于提前消费的属性。所以，只要东西够好，能够打动"90后"，哪怕是借钱，他们也会在所不惜。这也是直播购物必须抓住"90后"群体的重要原因之一。

虽然"90后"这个消费群体是任何厂商都不能忽视的群体，但随着时间的推移，也要注意到这个群体的新动向。2021年的"618"，其消费趋势令人沉思。2021年的"618"销售成绩虽然同比有所增长，但增幅却显示出下降的趋势，这说明传统电商节对于消费者的吸引力在逐渐萎缩。似乎在买买买的大潮中，顾客们正在逐渐趋于理性，这就说明传统的电商购物节需要有新的元素注入。而直播带货依然红红火火，也许将是个不错的选择。

第四节　相较于传统销售的优势 》》》

直播带货是一种既新且旧（相对于电视购物来说）的营销手段，相比于传统的营销手段来说，不同的商品和不同的厂商适用不同形式的直播带货。

传统的营销手段分为线上和线下，传统的线上营销手段是指依托于互联网的销售渠道，比如网店。而线下的营销手段则是指通过实体门店进行批发和零售。

先说线下的销售。

一个商品从出厂到到达消费者手中，有很多的渠道环节和物流流转。我们假设一个化妆品厂商 A 要出售某款新品护肤面膜，如果要走传统的销售渠道，厂商首先要面临的就是产品线的生产问题。一个新品，要估计其销售规模以及向各地门店的发货量，是一个极其复杂和繁重的系统性工程。生产太多，销售不好就会造成产品的大量积压，挤占流动资金；生产太少，供不应求或者物流出现拥塞，调货不及时，都会对品牌信誉产生影响。

所以，线下销售的第一个难点在于销售匹配的困难。

再从成本方面来说，各级销售商的存在会让产品的成本一步步提升，从厂家到消费者手中，其附加值增加 200% 以上都属于正常现象。这就如同滚雪球一般，等滚到消费者手上，雪花都成了雪球。

线下销售的第二个难点在于成本膨胀的控制困难。

从顾客的体验角度来说，在客户的实际体验方面线下销售是最优的选择。一个新品，无论线上说得再天花乱坠，顾客总要自己试了才能知道好不好，适不适合，而这是线上销售所无法替代的优势。但线下销售的这一个优点并不能有效地提升商品的销售，这也源于当前消费者网络化消费的特质。现在由于线上线下销售价格方面的差异化，很多精明的消费者喜欢先线下体验再线上购物。所以，虽然体验环节还是线下最优，但成交量却仍然被线上渠道占据。

再来说说宣传方面，新品上市，线下渠道会依赖各种媒介进行广告，这又是一笔不菲的花费。要在受众人群中做到较大范围的推广和普及，所需要的广告费用将是一个天文数字，可能产品还没产出，广告费用就已十分高昂，最后商品的销售成本也会因为宣传费用的上升而大幅提高。

所以，从广告性价比方面，线下渠道劣势明显。

最后，还有一个对于厂商来说最关键的问题，即回款问题。传统线下销售的回款速度最慢，有着比较长的回款周期，这就给经营造成了不小的风险。因此，在这方面，线下销售的劣势也是很明显的。

我们再来看看传统的线上销售渠道。相比于纯粹的线下销售渠道来说，线上销售在销售匹配方面具有较大的优势，顾客从下单到收货有一定的周期，他们下单后并不像在实体店中购买那样需要马上拿到货。厂商在得到订单后，统一批次生产再通过物流系统送到客户手上有充足的时间，即便本地缺货也可以通过物流系统从其他地区调送货品，只要在承诺的时间内（一般是 3~5 天）将货物送到客户手中即可。以当前的工业产生力来说，大部分的产品都能在较短的周期内完成制作，可以说，线上的精准订货解决了厂商销售匹配的难点，做到有的放矢。

另外从成本上来说，线上销售的成本肯定远远低于线下渠道，因此能实现较低的价格和较高的利润，这也是线下渠道所不具备的优势。

但从体验环节来说，线上渠道就明显处于劣势了，如果仅仅发展线上渠道没有线下实体店，顾客就会对这一产品心存疑虑而不敢放心购买，从而影响销量。

再从广告角度来说，线上渠道依然有广告方面的需要，虽然远远小于线下实体，但也需要花钱推广，优点在于费用相比线下渠道要大大节省。

在回款问题上，线上渠道要明显优于线下，在抛除过多的中间环节后，回款较为迅速也是线上销售的优势之一。

可以说，传统的线上线下渠道各有优劣。

我们再来对比直播带货相较于传统线下线上渠道的优劣。

从销售匹配来说，直播带货往往一场时间集中在 2~3 小时，能比线上销售在短时间内获得更多的销售，这是直播带货最突出的优点。这使得原本的备货风险荡然无存。

从成本方面来说，厂商不再需要中间的销售环节，出厂即直达客户手中，从最大限度上压缩了成本。现在很多厂商在直播推广新品时，工厂的生产线一直处于待命状态，等直播一结束，最新统计的订货数据就直达工厂，工厂根据订货数据开工，然后从工厂直接通过物流发送到顾客手中。点对点，成本压缩到了极限。成本的压缩就意味着利润的提升。纵然需要和主播分成，但可观的销量依然能带来巨额的盈利。

从体验方面来说，直播带货虽然弱于线下实体店的体验，却优于普通线上网店。虽然顾客不能亲自在直播的过程中进行产品的体验，但他们通过主播这个中介体，依然可以做到间接性的商品体验，虽然隔了一层，但总好过自己在网店面对冰冷的数据、文字和图片。他们完全可以在直播过程中通过和主播的互动来初步了解产品的特性和特质，这就比自己依靠推测来得靠谱一些。同时，因为直播还存在着情感化消费的特征，顾客来观看主播的直播肯定是和主播有一定情感联系，也就是说他们本身对于主播是一种比较信任的状态，能够大幅度抵消他们对于产品不了解所带来的疑虑，信任大于怀疑，就能促进成交。

另外，直播带货最大的撒手锏就是价格。如果一场直播带货的货品价格高于线下或线上渠道，那么这样的直播带货是毫无意义的，主播也不可能去踩这样的"地雷"。

从广告角度来说，直播带货本身可以视为一种聚焦活动，如果是具有影响力的主播来进行直播，那么就会为产品带来足够的流量与热度，这是第一重的广告效应。第二重的广告效应来自直播带货的成效，如果这场直播带货大火特火（如董明珠直播格力电器），那么这个广告的效应将非同凡响，甚至产生破圈效应。再来说说广告成本方面，厂商和主播合作进行直播带货，主要成本有两项：第一是主播的出场费，第二是主播的销售分成。主播的出场费相比于投放实体广告来说，往往属于九牛一毛，而产品分成是根据销售成绩来说的，卖得越多，代表商家盈利越多，可以说，在直播带货中的广告费用，仅仅就是网红主播的坑位费，这与做各类广告花费的大笔经费相比，不值一提。

再说回款优势，直播带货和线下相似，回款压力较小。

综上所述，如果采用评分制来对比直播带货和传统线下线上渠道的优劣的话，大概可以得到这样的分数（五分制）：

线下渠道：

产品销售匹配　　　1 分

成本膨胀化控制　　2 分

实际体验　　　　　5 分

广告性价比　　　　2 分

回款优势　　　　　2 分

综合得分：　　　　2.4 分

线上渠道

产品销售匹配　　　4 分

成本膨胀化控制　　4 分

实际体验　　　　1 分

广告性价比　　　3 分

回款优势　　　　5 分

综合得分：　　　3.4 分

直播带货

产品销售匹配　　5 分

成本膨胀化控制　5 分

实际体验　　　　3 分

广告性价比　　　5 分

回款优势　　　　5 分

综合得分：　　　4.6 分

综上所述，直播带货屡创佳绩并大行其道不是没有道理的。厂商通过直播带货，解决了销售匹配、成本膨胀等诸多难点，且广告性价比最优。对于厂商来说，成本低，风险小，利润合适的生意自然做得。对于主播来说，在帮粉丝得到最低价且品质不错的商品的同时，自身还能通过直播带货增强商业圈的影响力，并通过不菲的分成挣到钱。而对于消费者来说，不但和自己喜欢的主播互动了，还买到了自己需要且性价比高的商品。

所以，只要商品自身品质没有问题，那么基于此点成功的带货直播往往是三方受益的事情，直播带货这种新式的营销手段获得广泛的关注就理所当然了。

第五节　直播带货能一直火下去吗？ >>>

直播带货的热度一路飙升，引起了人们的关注与讨论。本节就来聊聊目前火爆的直播带货为什么能火、还能火多久，以及以淘宝直播为例分析直播带货平台的体验感受。

直播带货到底有多火？从 2019 年开始，淘宝"双十一"超过 200 亿元的直播带货规模，到因为疫情下各种线下服装店、超市纷纷转战线上，各种老板、CEO 直播下海，再加上李佳琦和薇娅等直播大咖，直播带货一派生机盎然。

一、"直播带货"为什么能火？

首先，我们来看看什么是"直播带货"？直播带货其实是一种全新的新零售，将直播和电商完美地进行结合，从人、货、场三个角度来说，是一个非常高效的零售新风口。

人：通过直播吸引更多的流量，而且从直播平台通过主播带来更多的消费用户；

货：除了和电商平台、品牌商合作，还有一些直播带货直接和原厂地、工厂进行深入合作，改造了整个商品的供应链模式，最大限度地实现了去库存化，降低风险。

场：直播就是将原来图文、短视频的平板电商模式，通过实时性、可体验、互动性的直播形式打造的新零售带货场景。

另外直播电商产品为什么火的原因可以从以下四个方向去说明，它一定是用户、主播、品牌商、平台交换价值的互利过程。也就是这 4 方角色都能通过直播电商获得相应的收益，从而推动了整个直播电商的可持续性发展。

1. 从用户角度

（1）用户从哪里来？

针对抖音和快手 2 个短视频平台，绝大多数用户都是因为关注了某个主播，也就是成为某个主播的粉丝，通过主播和粉丝的链接带来新用户的增长。

中国在线直播行业用户规模近些年来一直保持稳步增长态势。2019 年中国在线直播行业用户规模已增长至 5.04 亿人，增长率为 10.6%；2020 年在线直播行业用户规模超过 5.2 亿人。庞大的直播用户体量是直播电商行业进行商业变现的前提之一。

另外针对淘宝、京东、拼多多等电商平台，用户本来就是来逛街买商品的，针对电商平台，主要是存量用户以及其他渠道新增的用户。

（2）用户为什么会选择电商直播带货？

目标用户：抖音、快手等主播的粉丝，以及电商平台的潜在购买用户。

用户在碎片化的时间刷抖音和快手的时候，看到自己的主播突然在带货，而且商品还便宜，结果是什么？自然是买买买。当用户在逛淘宝、京东的时候，主动或者被动的情况下看到一个掌柜在带货，通过更为直观的方式感受商品，用户直接下单。

所以我们可以发现，直播带货不管是在直播平台通过与娱乐消遣相结合，还是用户逛淘宝本身就有购物需求，都能提升用户购物的欲望和实际的转化率。

其实套用滴滴俞军的产品方法论，也就是直播带货给用户带来了效用，而且效用是超过了用户预期的。既缩短了用户找货的过程，节省了用户的决策时间，且同时与主播或者网红、明星等互动；既支持了主播和明星，又为自己获得了商品的价值，一举两得。

这里有一个公式可用：

新体验－旧体验－替代所需成本＝净剩用户价值

对于直播电商来说，新体验是相对来说较好的，实时性、互动性、场景性以及可体验性都较之前电商的图文、小视频的体验有很大的提升。而这其中的替代成本又基本为 0，也就是用户切换到直播带货基本没有什么成本和风险，同时体验感提升，所以对于用户来说就是创造了相对较大的用户价值。

2. 从主播角度

主播在直播电商中承担着连接的作用，上连接品牌商，下则连接用户。而主播愿意做直播去带货主要也有以下几个原因：

对于抖音、快手的主播：当粉丝达到一定的数量，怎么去实现变现？除了直播打赏、广告等，直播带货是一个最优解的快速变现渠道。

但是这对于主播来说也会面临一定挑战，也就是怎么选品，怎么给自己的粉丝提供最大的利益，避免因为带货而损失掉积累的用户，进而衰减自己的影响力。要避免这类情况，必须严格选品，才能促进整个循环正常运转。很显然，直播带货给主播带来的最大效用就是佣金以及快速增长的影响力。

对于淘宝、京东平台的主播来说：掌柜或者店铺的员工进行带货，都是为了提升销量以及提升店铺的品牌知名度。而对于李佳琦和薇娅这类的主播，除了能获得高额的佣金，还能提升自己的影响力以及粉丝数量。

所以对于主播来说，这就是一个老职业的新机遇，通过实在的利益激励以及隐性的影响力提升，头部主播、腰部主播以及店铺的自有主播，都是非常乐意去接触和服务这样一个产品的。而他们所获得的成绩和影响力会促使更多的主播加入这个战场，人数的暴增，对于后面的行业规范，将是平台最大的隐患所在。

3. 从品牌商角度

品牌商在直播电商这 4 个角色中，可以说是最为弱势的一个群体，既要花费大量的资金和成本去和主播合作，还得承担效果不佳的后果，另外还得看平台的脸色。但是为什么还有这么多品牌商愿意花大价钱排着队找头部主播合作呢？主要还是收益大于成本。只要有利润，成本大不是问题，而这就是最基础的商业逻辑。

品牌商能够通过头部主播极大地提升品牌影响力，获取更多的用户，尤其是一些小的品牌商更期待与优质大主播的合作。

对比传统的引流和广告，直播带货的效果更能直观地感受到，实实在在就能看到有多少用户观看，有多少用户购买，店铺新增了多少粉丝。而除了网红主播，店铺的老板或者店员直播，也能够更加直观地与用户互动，带来商品更真实的体验，提升整个店铺的商品转化率。

4. 从平台角度

平台提供了整套产品的方案，为消费者、主播和品牌商提供了一个全新的营销阵地。直播带货通过这个产品与用户交换合理的价值，促进平台的可持续发展。

平台为用户提供了良好的购物体验，节省了用户选购的时间，降低了用户的购物成本。

平台为主播提供了丰富的且免费的各种工具，一个新的变现场景并且可持续提升主播的收益与影响力。

平台为品牌方提供了新的营销工具，有助于品牌商和店铺提升品牌、店铺影响力，创造更大的收益，前期还会有相应的平台流量扶持。

但是对于平台来说也会面临一定的挑战：怎么去培养更多的腰部主播，同时怎么去规避一些劣质的产品流向用户进而影响产品的口碑，以及怎么提供好的售后服务等。但是这些挑战并不能阻挡直播带货的火爆，毕竟能为多方创造很多新的价值，因此值得平台继续投入。

二、"直播带货"还能火多久？

目前直播带货十分火爆，还没有入场的人在加速布局，而已经布局的直播电商巨头则在努力做得更好。但是在直播带货火爆的同时，我们可以往前思考一下，直播电商会和之前的无人货架一样销声匿迹吗？

1. 目前直播带货的模式和平台有哪些？

（1）电商类平台

淘宝天猫、京东、拼多多等头部电商平台，基于自身的电商业务，提供直播工具去完善整个电商生态，促进商品交易以更高的效率成交。

（2）短视频平台

以抖音和快手为主要代表，直播带货主要是平台流量变现的一个工具。

（3）社区+工具

主要以美图秀秀和小红书平台为主。小红书有自有电商平台，也和第三方电商合作，因此既有流量变现又有促进自营电商交易的可能性；而美图秀秀目前透露出来的消息是和第三方电商合作。另外还有一个巨头微信，开发了小程序直播带货工具。

（4）游戏直播平台

斗鱼直播具有购物的功能，对接的主要是淘宝等电商平台。游戏主播带货目前很少，主要是购物和游戏的契合度低，存在兼容性问题。

2. 直播带货还能火多久？

我们来看一下购物的几个层次，电商是通过什么去促成线上和线下消费的：

第一层次：以图文为主要介绍载体。这也是持续了很久的传统导购模式，例如商品详情页、用户评论等。

第二层次：以短视频为主要介绍载体。这是在直播出现之前的主要模式，主要也是用于提升用户对商品更直观的感知，包括商品详情页的视频介绍以及用户评论的视频等。

第三个层次：以直播为主导购产品。直播带货就是这个层次，主要体现在实时和文字互动上，人与货之间存在关联的互动性。

第四个层次：以物联网方式与货品进行直接交互的产品销售方式。如试衣镜、在线试妆等。

第五个层次：模拟真实购物体验。真实互动，形成味觉、触觉等感官体验，目前已有的 VR 看房选房算是这一层次的雏形。

以上五个层次是层层递进的，目前电商也主要在第 3 层次和第 4 层次之间，而在用户成本方面，第 4 和第 5 个层次尽管体验更好，但是也要耗费用户更多的时间和精力成本。因此基于以上的分析，笔者对于直播带货的模式有如下的预测判断：

在新的更高效的转化和营销工具出来之前，直播带货将成为淘宝、京东、拼多多等电商巨头的标配工具。

而对于社区和直播平台，如果单纯地和第三方电商合作，当返佣和引流的收益达不到预期之后，主播还会选择直播带货吗？而当建立了自营电商之后，自己的电商能否火起来，其实就回到了第一个问题。

另外，在任何一个新的模式兴起的初期，政策和配套的措施都会相对欠缺，怎么保证消费者用户、主播以及品牌商店铺的权益，使整个生态往正向的方向发展，这也是直播带货模式能不能走得更远的一个挑战。这就看后期政府管理以及平台的措施了。

三、淘宝直播产品体验与分析

1. 淘宝直播产品概况

产品定位：消费类直播平台。

上线时间：2016 年 4 月。

Slogan：还原真实的体验场景，直播带你买遍全球。

数据情况：2018 年淘宝直播平台带货超过 1000 亿元，同比增速近400%；2019 年淘宝"双十一"当天直播收入超过 200 亿元，淘宝直播日均直播场次超 6 万场，直播时长超过 15 万小时；而 2020 年，淘宝直播销售数据达到 4000 亿元以上，相比于 2018 年的数据，是其的 4 倍，可见增速之快。

2. 用户需求与场景分析

淘宝直播的目标用户：

核心用户：关注了一些主播，且是主播的铁杆粉丝，每天可能定时观看直播的用户，当主播没有直播的时候，也能通过回看来发现一些商品，就算不买商品也会和主播进行互动。

潜在用户：没有明确购买目标的用户，只是想来直播广场逛街，看一下有没有便宜、合适的商品可以购买，也没有明确的主播偏好。

当用户通过搜索或者商品详情页准备买一个商品，本来可能还要对比一下其他的商品，但是发现掌柜或者主播正在直播，进入直播间之后直观地感受到了商品，在优惠低价、冲动购买的群体刺激下，直接就买了某商品。

或者用户关注了某个主播，是此主播的铁杆粉丝，不管有没有购物需求，在碎片化的时间里可能主动去主播的直播间。当主播推荐的某些商品刺激了自己的购买欲望后，因为信任主播，所以毫不犹豫地购买。

现在每天都有 700 多万的用户在淘宝上闲逛，却不做出任何的消费行为。但是如果这部分人群能够转移到直播间去逛，那么在直播以及优惠促销信息的刺激下，很容易产生下单行为，从而进一步提高流量的变现效率。

3. 产品架构分析

淘宝直播 APP 架构相对比较简单，主要包含 3 个主要功能：顶部功能区、导航分类以及最核心的直播间。

顶部功能区：

我的元宝：主要是吸引用户分享，拉新的手段，另外就是通过签到提升用户黏性和留存率；

搜索：主要是搜索店铺、商品以及主播，方便用户找到自己所需要的东西；

个人中心：订单、购物车和卡券基本是和淘宝通用的，意见反馈、关于以及退出都是最基础的功能。

导航分类：

顶部为"我的关注"，下面的类目也有一个"我的关注"，其实是有一定重复的。另外前端类目的分类，很多可能都是针对女性用户的分类，女性更喜欢逛淘宝。

直播间：

主播信息：更多的会引导用户关注主播，进而通过主播连接用户，更好地触达用户；另外也会展示主播的观看量、等级的信息，用来体现主播的影响力；

浮窗：通过浮窗突出展示相关的福利和活动信息；

视频图片贴纸：主要为了展示该场直播相关的基础信息；

操作：左右滑动，上下滑动切换直播间；

直播互动：轮播展示"某某某进入直播间""某某某关注了主播""某某某正在下单"；聊天内容的展示，以及点赞、打赏、清屏分享等功能；

购物入口：核心功能，其他一切的功能都是为了引导用户下单购物。

淘宝直播 APP 和手机淘宝内的淘宝直播栏目在架构功能上有些许区别，从使用场景和用户量级来说，可能 90% 的用户都是通过手机淘宝去逛直播购物；在直播性能上面，淘宝直播 APP 会比手机淘宝更好，但是在某些功能上，比如说搜索功能、运营功能，手机淘宝则表现更佳。

4. 交互设计体验分析

（1）直播间页面

顶部左上角是主播个人信息、主播的影响力，以及你和主播的亲密度；右上角是直播 id、退出按钮；

右侧也会根据运营情况配置浮窗，展示活动和福利信息，没办法单独清除；点击直播间 id 会有一个弹窗推荐一些关联的直播间。

直播间中间区域会轮播一些用户动态，包括"××进入直播间""××关注了主播""××购买了""××送的礼物"，这些互动信息都是为了刺激用户与主播互动，以及引导用户关注主播；同时为了刺激主播更好地带货，会通过一些排位赛，号召用户为主播冲榜。

聊天的互动信息，目前来说其实对于用户来说不太友好，与主播发的互动信息会因滚动速度过快而容易被忽略。

底部区域主要是分享、点赞、举报和送礼。其中分享做得特别突出，大力激励用户去拉新；点赞就是拉升直播间热度；举报则是避免有些直播间会有一些恶意行为，从而营造一个更好的环境。

（2）购物页面

购物入口是最终的落地点，作用是为了促使用户下单，所以这也是最核心的交互页面。

主播一般会一个商品一个商品进行直播讲解，讲解完毕之后直接操作商品链接，2 个讲解之间可以查看单独每个商品的回放讲解。

除了可以看商品详情页，也可以直接通过"马上抢"完成下单，减少中间的链路，从而提升转化率；同时除了传统的购买，直播节上线了一个万人拼团的活动，也就是阶梯性的定金，满多少订单返多少钱，是一个更加带量的营销工具。

5. 淘宝直播产品体验分析总结

整体分析来说，淘宝直播在架构上其实还有非常大的优化空间，目前来看可拓展的功能还是相对来说比较多的；另外从交互体验上来说，设计是非常符合淘宝化的，没有太大的瑕疵。直播作为营销的工具，有以下需要优化的地方：

保证直播的性能，提升直播的流畅性、互动性。

在营销工具和形式上，还有比较多的发展空间。毕竟目前淘宝开发了这么丰富的营销工具，要使它们发挥最大的功效，提升整体的效率。

怎么丰富主播和用户的互动和连接，除了截屏抽奖，是否还能有更好的互动工具？怎么参考游戏直播的形式，加强用户的归属感和成就感？

作为电商平台，交易是第一目标。那么交易模型就是设计更加合理的机制，促成用户做出购买的行为，且能让这种行为是可持续的，这也就是电商直播带货的终极目的。

保证整个直播生态是良性的，一些恶意违规的直播更加精准地识别和打击，促进直播的正向发展。可以发现，不管是面向消费者，还是主播，直播电商都是一个工具，对于主播来说就是这个工具怎样加以更好地利用，怎么样能获取更多的收益，怎么去连接更多的粉丝；对于消费用户来说，就是怎么给用户创造更大的效用，怎么节省用户的成本，怎么去为用户带来更好的商品，更实惠的折扣，怎么更好地与主播互动，都是这个直播生态中非常重要的环节。

综上所述，直播带货从现在到未来依然会是电商平台的新风口，会依旧火下去，最少 5 年内不会有太大的变化。其中的内部规则或许会有所转变，但对于整个电商行业来说，直播带货在没有更优化的营销手段出现之前，都将成为未来电商营销的重要手段。

第二章

直播带货的逻辑

第一节 明星与网红谁更能带货？——这是个伪命题 》》》

明星与网红谁更能带货，这是目前直播带货领域存在较大的争议的地方。当前直播带货的主播形形色色，既有草根出身的流量网红，也有成名已久的大牌明星，还有商业圈内知名的业界大佬，更有很多原本和直播无关的素人，但从主播人数比例来看，还是以流量网红和大牌明星居多。

由此所有有志于通过直播带货来促进产品销售的厂商都想搞清一个问题，到底是网红更能带货，还是明星更易创造销售奇迹？其实，这个问题并没有一个标准的答案，直播带货最终得到的结果也受方方面面的因素共同作用。下面，我们从多个方面来分析下网红和明星带货直播相互之间的优劣。

我们先来看看网红带货：

说到直播带货我们不得不提两个知名大网红李佳琦和薇娅。

李佳琦原本是在欧莱雅的专柜当美妆顾问，在做美妆顾问期间，他自己帮客人试色口红也让其成为销售冠军。

2016年李佳琦签约公司跨入直播行业，在行业内默默直播了两年后因挑战"30秒涂口红最多人数"爆红出圈，他开始被冠上"口红一哥"的名头。在直播中他的"所有女生请注意，它来咯"仿佛是一句咒语，轻轻松松就能让千万女性买单，李佳琦成了名副其实的"妇女之友"。

2019年，李佳琦花式出圈登上热搜，成了直播带货圈的头部顶流。2020年淘宝"618"购物节，李佳琦成交的销售额为1.8亿元；同年，李佳琦上榜上海特殊人才引进名单。

而另一位大佬薇娅则被大家称为"淘宝带货女王"，2021年，薇娅夫妇因身家超过90亿元，甚至比老干妈陶碧华的身家还要丰厚，创造了一个新的财富奇迹而登上热搜。

　　这位通过几年的直播带货就实现了财务自由的头部主播是如何做到的呢？

　　其实，薇娅是歌手出身，她以前在一家唱片公司当签约艺人，后来因和唱片公司的理念不合解约，于是"下海"开起了服装店。2016年正式成为一名淘宝主播，她以亲切的形象推荐好物，单场最高销售额达3.53亿元。

　　在淘宝举办的直播盛典中，薇娅获得"最受欢迎女主播"称号，在2020年"618"的直播中增粉37.7万，销售额达1.3亿元。

　　直播带货让李佳琦和薇娅成为人尽皆知的直播网红，也让他们获得了不菲的收入：薇娅身家90亿元，秒杀了90%的上市公司，而据说李佳琦也斥资1.3亿元在上海购入豪宅。

　　我们再来看看明星带货，明星不仅仅指演艺圈的名人，还包括一众的业界大佬。

　　罗永浩作为锤子手机的创始人，离开锤子科技后，罗永浩走上了网红道路，与短视频平台签约成为带货主播。在2020年4月1日首次直播中总成交额达到了1.1亿元，总观看量高达4800万人。

　　而号称"铁娘子"的董明珠也开始上线直播带货。2020年4月24日首秀直播共431万人次观看，销售额仅22.53万元，第二次直播的销售额达3.1亿元，第三次直播销售额达7亿元，而在第四次直播中董明珠销售额高达65.4亿元，这个金额相当于格力第一季度营收的32%。

　　2020年8月1日，"格力·中国造"全国巡回直播活动董明珠直播当天，河南线上线下"格力董明珠店"同步营业，完成销售101.2亿元，此时的董明珠已然将公司的销售方向转向了直播。

　　除了这两位业界大佬外，也有不少明星纷纷入场。比如刘涛在自己的"刘一刀直播间"中直播带货，还有央视名嘴朱广权、撒贝宁，甚至《新闻联播》主播康辉都纷纷出现在了直播镜头下。

　　这么多名人大佬纷纷下场参与带货直播，一是因为环境所限（疫情），二是因为直播带货经过几年的发展和完善已经成为一种较为成熟的销售模式。但要问究竟是明星能带货还是网红能带货，却并没有一个统一的答案。

这是因为，带货主播的身份号召力虽然是流量的一大保证，但流量不等于销量，商品是否能大卖涉及很多方面的因素。自带流量自然是好的，但商品的品质、定价策略、现场表现等一系列环节都是影响带货直播结果的重要因素。

归根结底，想要知道究竟是明星能带货还是网红能带货的人大概有两类人，一类是有志于从事主播行业尝试进行直播带货的新手小白，另一类则是寄希望于直播带货开辟新销售渠道的厂商，其实他们焦虑的根源都是同一个，即：直播带货前景如何，是否会长期发展？

对于直播带货是否在未来有发展空间，能否长期存在？我想这个答案是乐观的。

首先从社会的发展情况来说，智能网络已然成为人们生活的必需品，线上交易成了人们普遍的交易方式（最少在中国是如此）。现如今不止是专业主播进行带货，就连政府机构都在尝试走直播的道路。2020年疫情严重的时期，就有不少的政府官员试图通过直播带货帮助本地企业或者农户销售产品。

如果说这些政府官员的直播带货是为了疫情纾困的话，那么在疫情之前的2019年12月12日，浙江省宁波市中级人民法院与阿里拍卖联合开展了司法网拍直播活动。这次直播一小时成交额破亿，这是首次司法与直播平台联合，既是政府机构给予直播的肯定，也代表直播带货这种方式正在大范围地被更多人认同和接受。

其次，商界的各位大佬上线带货直播也间接肯定了直播带货这种新兴的销售方式。在线上对商品的推销，让人们在家就能直接了解产品。

最后，现在的上班族工作压力大，任务繁重，大多数上班族过着"两点一线"的生活，很难挤出点时间去商场进行线下消费，因此通过直播购物能购买到心仪的产品也算是一种娱乐休息了。

所以直播带货行业在未来的发展前景是明朗的。虽然现在直播行业的从业人员体量大，但是蛋糕很大，够众人分。

从 2019 年开始，电商直播增长迅速，带货能力让人瞠目结舌。2020 年，更是因为疫情的原因，一些行业纷纷转战线上销售，来弥补线下实体店的损失，进一步推动了电商直播带货的迅猛发展。不少达人、网红、明星、名人纷纷试水，在直播红利中分一杯羹。

电商直播从 2019 年开始走进普通大众的视野，而在疫情中，一跃成为各个商家挽回损失的利器。2020 年，受疫情影响，很多行业"被迫"纷纷将销售阵地朝线上转移，一下子就给了直播在各行各业渗透的机会，结果也很明了，无一例外都取得了意料之外的效果和收益。

就目前的情况而言，直播带货主要分为两大类，一是商家自建直播间。分析其效果，商家自建直播间受困于流量小，粉丝人数少，推广效果不佳。

二是通过与网红达人的合作来进行带货。网红达人因具有一定粉丝基础和号召力，通常来说，推广效果显著，销量可观，这也让不少商家瞄准了网红的带货能力，纷纷与其合作。但是在这个过程中，各种弊端和不足之处也显现出来了，对于网红的能力、个人影响力、与品牌的合作关系、粉丝的信任度之间的矛盾成为不少人热议的话题。

除了网红和明星之外，因为新冠肺炎疫情导致各地农产品大量滞销，多地的市委书记、市长、县长、局长等官员化身"非著名网红主播"直播带货，他们各显神通，极力推荐"自家"的农产品，而且都获得了不错的成绩，也让网友们一致点赞。

与一般的网红主播不同，对于政府官员直播带货，网友显得更好奇。大家都想看看平时低调的官员们要如何开展直播带货这么接地气的活动，因此在活动开始之前就获得了很高的关注度。再受到他们本身身份的影响，他们所推荐的产品也比较容易得到信任。

以上都是直播带货好的一面，但无论任何事情，通常都具备两面性。在直播带货快速发展的同时，各种问题也不断涌现出来，这也是我们需要注意的。

1. 产品质量问题

直播带货中，主播的个人形象和话语权具有很重要的作用。主播与消费者建立起一定的信赖关系，以粉丝的信任和喜爱为基础，实现卖货变现。但是在直播间，相对于经过工商登记和质量检验的线下实体店，光凭主播一张嘴，并不能完全保证产品的质量。其实一直以来，直播售假的现象早已屡见不鲜。有不少网友反映，在直播间买到的东西有相当一部分有质量问题，进而顾客会对直播带货这一销售方式整体产生质疑。甚至有曾经上当受骗的网友表示，现在，有不少主播都是冲着利益而推荐产品，全然不顾消费者的权益，推销三无产品，以后再也不会在直播间购买产品了。

这说明目前直播带货面临着管控缺位的问题，货品的好坏完全取决于主播的掌控。这对于主播来说，是一场信任的考验。有的主播为了利益往往无视粉丝的权益，推假贩假，对于这一类主播就应该重拳出击，让其承担相应的法律责任。

2. 各类数据作假

除了产品质量问题，数据作假也是屡见不鲜。消费者往往以主播热度、直播间人气、商品销量、买家评论等评判商品质量，获得购买的安全感。然而外包机构刷单，购买粉丝，不仅制造了销售假象，也制造了主播和直播间的人气假象，甚至以限量促销、个人虚假使用体验、销售倒数的方式诱骗消费者冲动下单。

除了商家的虚假数据以外，主播同样可以采用相同的方式来制造虚假数据。比如一场直播结束后表面上成交数据极高，但很多属于提前买通的虚假销售，等过一段时间后，大量的退货就会让商家欲哭无泪。

对于数据造假这个老生常谈的难题，我们在通过平台方面来进行限制和制约的同时，应该引入更强力的管理手段来打击这些虚假乱象。

3. 产品价格虚高

价格虚高、虚假折扣等常发生在各类购物节前夕，为了显示所谓的打折诚意，很多商家会在购物节前将货品价格上调，等到购物节再显示一波折扣，但实际算下来，这种先涨价再打折的方式是很难让顾客真正获得实利的。这种方式也最为粉丝所诟病，采用这种手段的商家往往会让品牌在消费者心中的好感度降低，进而影响日后的品牌知名度和粉丝忠诚度。

与此同时，网红定制款也是不少消费者吐槽的焦点。由于商品主要依靠直播间来进行销售，而在线下基本看不到同类产品。商家就利用这一点，号称这款产品的线下实体售价是多少多少，而这个价格通常较高，这样一来，对比其直播间的价格，自然是显得直播间的价格良心不少。这也是另外一种价格虚高的表现。

4. 产品售后推诿

大量主播甚至是明星艺人只顾线上直播促进销量，但是对商品下单后的物流、产品质量等售后问题却不闻不问，导致消费者投诉无门，对网红带货的好感度不断降低。

目前，直播带货的乱象已经引起了国家的重视，国家表示要对直播中的种种乱象进行治理。平台方应扛起责任，规范带货商品和行为，并对网络主播建立行之有效的信用信誉评定、奖惩机制，树立正确导向。加快规范直播带货行业发展，厘清人员、内容、平台等各方责任和义务。所以，有志于直播带货的小伙伴们也要注意这个问题，千万不要为了短期的利益而损失长远的利益。

第二节　直播带货的影响因素有哪些 》》》

直播带货是眼下最具影响力的销售渠道，相比起传统的广告促销，这种带货的渠道发挥出来的影响力更加惊人，于是很多商家便开始寻求适合自身的直播带货系统。这些直播系统具体有哪些特点呢？下面我们就来看一看。

直播带货首先要注意的是互动性

直播带货跟传统的销售方式比起来，最为明显的特点就是互动性强。它不单单是带货过程中完成商品的交易，而且要在带货的过程中和粉丝进行有效的互动，比如可以在评论区聊天、发送弹幕等。虽然主播是带货的主角，但粉丝们也可以参与其中，这样能增强粉丝的黏性，也将卖货的气氛给炒热起来。

直播带货还要注意时效性

直播跟普通的短视频是有很大差别的。它在带货的过程中会现场分发一些优惠券，这些优惠券只有实时参与直播才能使用，一旦错过了直播的时间，即使有录播可以看，也无法领取和使用优惠。优惠券在直播环节中只是一个小小的手段，但这个小手段却能极大地提升粉丝参与直播的热情，激发消费者观看的积极性。由于它的时效性非常强，如果错过机会的话就只能等待下一次直播了，所以对于消费者来说，他们会因为这个小手段而更加主动积极，特别是在对商家的活动和产品感兴趣的情况下，粉丝们就会进行实时观看。

直播带货还要注意直播的趣味性

直播带货系统中并不是只有下单交易的功能，同时还兼具了传统直播的一些娱乐元素，譬如粉丝可以在直播过程中使用贴纸、撒花等素材。直播的娱乐性元素会让主播与粉丝的互动更为欢快，冲淡商品交易的严肃气氛，使得直播的过程不会无聊。粉丝遇到自己喜欢的主播还可以赠送一些小礼品，而主播也能根据活动的需求设置红包雨，刺激粉丝参加。这样的一场带货直播，既具有商品交易的带货属性，同时又具有普通直播的娱乐属性，归根结底是要增强直播的趣味性。

边看边买

在观看带货直播的时候，如果有消费者看到心仪的商品，那么他可以直接点击链接进行购买，这一过程并不需要重新跳转到其他的页面中去。这样一方面很方便，另一方面简洁的流程也提高了商品成交的概率。

从商品营销模式来说，直播带货是一种互联网营销方式，是通过主播介绍产品，引导粉丝购买产品的一种新兴营销手段。

出于疫情防控要求，很多人无法出门参与各种各样的活动，因此线下实体经济受到了不小的冲击。而电商平台受自身流量限制使得很多中小企业的产品销不出去，所以部分卖家就把目光投向了直播平台带货这种方式，甚至有些卖家通过"油管""抖音"等平台来实现海外直播带货。

那么要进行一场成功的直播带货需要考虑哪些因素呢？

第一，选品。

主播要进行带货，首先需要有货可带，在带货之前就涉及选品问题。了解需要带货的产品优势、产品性质、适合哪些群体，只有清楚了这几个元素之后才能更好地把产品卖出去。

选品是否成功也是各种各样的营销手段成功与否的关键，毕竟每一位顾客都喜欢质量好、性价比高的产品。如果主播自己具有资金周转能力以及设计能力的话，可以直接跟厂家采购定制，或者寻找代加工，制作出最符合粉丝喜好的产品，这样能够提供更好、性价比更高的产品。这样做的好处也在于能及时掌握一手货源，如果仅仅只是通过传统渠道来采购产品则会出现中间商的溢价，从而增加成本，无法给予粉丝最优惠的价格。

第二，了解平台规则。国内国外的各种直播平台数量众多，比如抖音、快手、好看视频等，每个平台运营的条件各不一样，各种规则也不尽相同。要在这些平台实现直播带货，你首先需要详尽地了解该平台的运营规则。如果连规则都没搞清楚就急吼吼地提枪上马进行带货，万一违规，轻则帐号被禁，流量被限制，重责直接封号，所以，在进行直播之前选择适合自己的平台并清楚了解平台的规则是必须的。

比如抖音平台，如果我们自己从零基础开始圈粉，到具有一定粉丝基础后自己开直播间，就需要通过第三方来链接分享，让粉丝知道自己在直播，这样才能吸引观众进来。抖音短视频首先会将你优先推送到你所在地的附近区域以及你的家乡。还有一个要点就是我们得了解我们粉丝的特点，比如他从事什么工作，生活习惯是什么，等等。

第三，运营技巧。这也是直播带货最关键的因素。首先，我们需要了解市场需求。只有清楚地知道市场需求在哪里，我们才能有针对性地选出适合的产品。之后我们根据这些产品来和买家进行一对一交流，只有了解清楚买家需求，我们才能更好地推销产品。

　　个别品类的产品还需要在直播现场演示如何去使用，以及发货时效等都需要跟买家进行专业的对接。如果我们不懂得运营的话，直播带货转化率会很低，而成本会很高。签收率就会随之变低，退货率就会随之变高。所以运营主播一定得专业，这才是成功与否最关键的地方。

　　第四，售后服务是否有保障。无论是线下实体、线上推广营销还是直播带货，所有营销方式的售后服务都是非常重要的。买家购买产品时，往往会有一定的顾虑。例如，虽然主播在直播过程中展示过产品的使用方法，但产品是否合适，只有在下单买回去自己试过才知道，如果不适合自己或者是质量有问题我想退货怎么办？还有一部分人则是一时冲动购买，但到货后却又后悔。凡此种种，顾客受上述因素影响后产生退货念头，就必然涉及完善售后服务体系的相关问题。所以，必须在货品售出后引导客户使用产品，某些产品还应该设置无偿售后的服务期限，有效地打消顾客的顾虑。

　　第五，产品质量把控需严格。只有产品质量过硬，才能增加签收率，降低退货率。买家下单时，系统后台一定要根据同买家沟通交流的信息做好整理登记，让物流对接安排精确无误，同时做好产品的包装，有效降低产品的发错率和损坏率。只有降低退货率，顾客才能够拥有更好的购物体验，增加信任度，从而提高复购率。只有这样形成良性循环，才能逐渐增加顾客的黏性。

　　第六，选择开启直播间的时间节点。首先，我们要知道观看直播中人最多时是哪个黄金时段。如果是白天去直播，很多人可能都还在工作，时间太晚直播，很多人又已经休息了，观众人数自然有限，转化率自然很低。直播前我们需要做一些准备工作：首先得进行直播活动策划，以及准备工作，然后通过第三方链接引流，引导顾客进入直播间。

　　以上几点是直播带货成功与否的关键因素。只有做好这些准备才具备直播带货成功的可能。

　　而具体到主播个人来说，要想完成成功的直播带货，需要具备以下几个方面的能力：

首先，从性格因素来说，要进行直播带货，主播必须是活泼外向型的，只有主播能够带动气氛，才能逐渐打开局面。若是一个内向且沉默寡言的人，直播过程中一直冷场的话，连粉丝的积极性都调动不起来，谁会在意你在说什么、干什么呢？

做主播，不仅自己要有魅力，口才好，灵敏机辩，还要有控场能力，知道自己该在什么时间做什么、说什么，不断地活跃气氛，而不是一味地干巴巴地介绍产品，只知道卖卖卖。主播必须根据现场的活跃程度来不断调整自己的进度。

除了控场外，带货主播们还要具备一定的销售素质。

1. 自我学习能力

在带货前，必须先学习与销售相关的制度规章，只有这样才能避免踩雷。继而学习所销售产品的详细说明，在学习过程中，切实掌握自身所带货品的优劣，才能有的放矢地找到产品的优点和最能被吸引的人群。除此以外，主播还要学习去了解自己客户的需求，通过这个手段，主播才能在最短的时间内掌握客户的习惯和心理，同时还能在直播的过程中有效调节气氛。

2. 数据分析能力

主播在带货前要注意收集相关的数据并进行有针对性的分析，比如自己带货所在区域的市场消费能力；在销售过程中要注重分析客户所表达的潜在消费意识和购买水平；在直播后还应根据销售数据分析客户的二次开发可能性和可实施方案。

3. 交际沟通能力

主播在带货过程中还需要具备良好的交际沟通能力。你必须清楚地知道自己货品的目标客户的喜好，他们的年龄段在哪里，他们爱用的交流词汇是什么，在这个过程中可以融入哪些梗以吸引注意，这些都是需要提前考虑到的问题。不同的货品针对不同的客户群体，这些都必须通过有效的沟通才能打动客户。除了沟通外，还要克服自己的恐惧心理，如果你的沟通没有得到较好的回应，不要气馁，不能因为客户反应冷淡就放弃！

4. 敏锐应变能力

作为带货主播，每一场直播要面临的情况都是不一样的，直播间内每分每秒都有可能出现意想不到的情况，这就需要主播有强大的应变能力。也可以通过直播预案或者彩排等方式提前熟悉直播环节，以减少意外情况的发生。

想做好直播带货，以上的能力特点必不可少。有人带货成功，有人失败，行业本身没有错，首要的是提高自己的技能。

第三节 直播带货误区——流量不代表销量 》》

"流量"既是一种聚焦，也是一种可持续的品牌变现效应。直播的营销形式给品牌带来了前所未有的流量数据，一时之间整个流量市场都几乎被直播所占据，但这些只是表象而已。

在流量与销量中，每一个品牌方都希望能实现流量与销量的双增长，这在短期内是有可能的，但想要长期实现双增，就有点困难了。那么，销量和流量该如何平衡？品牌方往往面临着二选一的局面，是坚持长期增长的目标，还是尽快在短时间内抓住机遇扩大销量？

2020 年是流量经济大幅度发展的一年，疫情让整个市场经济都陷入危机。但得益于国内疫情防控有力，市场再次焕发新的活力。流量和销量的增长机遇也变成了多种营销形式并使得品牌盈利。其中，表现突出的新消费品牌、数字转型的品牌紧跟流量红利期一跃成为头部品牌，由于它们在市场中的出色流量和销量潜力表现，受到了资本的追捧（比如格力）。

2020 年，市场依然是强者恒强的天下。头部品牌、头部网红等市场强劲力量生成，成为消费者购买的首选。同时，这部分头部力量具有鲜明的品牌价值，对消费者形成了巨大的影响力，更是强化了这部分强者在市场上的地位。

其中，传统的如微博、抖音等广告营销传播强势媒介，更能突出强者恒强的市场形势。然而通过大量的实践验证，在品牌不断拥抱这部分媒介流量的时候，品牌也面临难以再次突破流量的惯性的问题。

于是品牌发现了品效合一的重要性。其中单纯追逐流量，把品牌营销重点放在对流量的获取上，并不能实现品牌的长期主义。这段起起伏伏的市场现状告诉品牌，商业的本质其实变化不大，实现流量和销量的双赢必须根据消费者来选择，而消费者头脑的认知变化才是品牌长久发展的焦点。

2021 年的"618"购物节就充分说明了这个矛盾。头部品牌面对曾经强势的头部网红逐渐有了说"不"的权力，他们在议价权方面开始进入了防守反攻态势，宁愿失去合作机会，也不愿轻易交出议价权。他们现在往往把最低价留存在自身品牌的直播间内，在让头部网红们妥协的同时也清楚表达了他们的态度，作为头部品牌，他们有这样的底气来选择暂时放弃短期的爆炸性流量来作为品牌长期发展的依靠。

在大数据时代，媒介的推荐算法等新互联网技术让品牌的营销传播频率更高且范围更广，这在传统传媒领域有限的广告预算下难以达到。同时，碎片化广告在互联网算法的影响下更趋向于个性化推广，每个消费者接收到的互联网信息很多都是在算法的影响下的精准化推荐。通过这样的精准营销，品牌营销的有效性也得到大幅度提高。

不过，人作为社会性动物，普罗大众的观点以及社会认同感所形成的品牌场景和消费氛围，比如社会阶层、大众潮流等也会直接影响某个单一消费者的购买策略。通过算法达成的一对一直接接触、精准营销虽然能大幅度提高品牌营销的有效性，但并不意味着能完全取代购买者的决策。

因此，品牌营销不仅需要数据提升销售和精准流量，更需要满足消费者对社会认同的心理需求。消除消费障碍，打造潮流消费氛围并使其成为一种消费趋势来吸引消费者，继而用坚实的品牌力量来打动消费者，才能实现消费的引爆。

品牌的销量增长和流量增长，还可以利用情感牌来打造品牌认知，以期降低品牌选择门槛，缩短顾客的决策环节。比如某品牌印刷了20000份的海报，且全部有效派发了出去（虽然在实际层面这完全不可能发生），虽然收获了品牌流量，但是顾客绝不会因为扫了一眼你的海报而立即购买你的产品，即使有那也是少数。那么我们是否会因为结果不尽如人意而彻底否定这一宣传举动呢？也不能这么偏颇，这些海报虽然在当时并不能促使顾客马上购买你的产品，但当他们真有相关需要的时候，他们可能会因为这张海报而留存有一定的品牌印象，这时他们就会愿意去了解你的产品，从而将商品推销出去。这也是广告宣传另外一个强大的表现，就算不直接产生销量，也有可能为日后的成交奠定基础。

品牌要实现流量和销量双增长，需要用长远的眼光来看待市场，在不确定的市场环境中必须坚持立足于自身，做好产品。持续创造新的满足消费需求的营销办法，才能始终抢占市场竞争的上风，真正做到长期销量和流量的双增长。

说完流量与销量的双增长问题，我们再来看看不同行业流量与销量之间的关系。

虽然说大多数的品牌都希望在流量和销量方面不断双增长，但也有一些特定的行业例外，比如奢侈品行业。

1. 奢侈品行业竞争激烈，大牌接受互联网只需3年

根据调查显示，中国消费者网购奢侈品最主要的原因是可以"送货上门"，最大的顾虑是"产品的真伪"，关心这个问题的比例超过一半，而这种需求的存在也是刺激奢侈品牌逐渐触网的原因——第三方购物平台由于无稳定货源而不被信任，奢侈品牌愿意自己来。前不久，某大牌代购为客户代购的奢侈品皮具被二手收购平台鉴定为"假货"，而品牌方对于双方的争执始终不愿意正面回应。这也从侧面说明了在网购平台购买奢侈品并不能真正让人放心。

其实奢侈品行业比较保守，但从刚接触新互联网模式到完全接受的时间也就 3 年左右。通常第一年，10% 的奢侈品牌会尝试并接受互联网新模式创新，到了第三年，这个比例达到 80%。比如说微博平台，从 2010 年上线，到 2011 年就有 67% 的奢侈品牌开通官方微博。从 2011 年微信出现开始，奢侈品牌数字化传播进入"微圈层"时代，2012 年，8% 的奢侈品牌开通了官方微信，2013 年比例增加到 31%，而到了 2014 年，比例达到 44%，到 2021 年，这个比例已经超过了 90%。

"在奢侈品数字化进程中，第一批吃螃蟹的人会有很大的优势，他们通过数字化平台更容易受到客户和媒体的关注，并由此建立优势，保持领先地位，比如最早开通微博、微信的品牌，其粉丝量更容易达到一定级别。"

2. 流量不等于销量，"卖产品"比"卖品牌"更重要

调查数据显示，奢侈品传播的数字化程度基本和品牌的实际影响力一致，比如从全球来看，D&G、Burberry、Chanel、Louis Vuitton 和 Gucci 的数字化传播排在前五。

但大量曝光和一系列营销事件的发生，带来的却并不一定是正面的影响。比如之前积家和网红 Papi 酱的合作，这位当红的网络名人算得上流量担当，但实际带来的销售效果还看不出来，甚至有着品牌形象降低的危险。

奢侈品行业并不是拼流量的市场，在过去的十年间，奢侈品行业 20% 的核心消费者为品牌创造了 80% 的销量。这说明奢侈品行业是依靠少数坚定客户的一门长期生意，流量的增大在这一过程中甚至可能会适得其反。在这里要搞懂奢侈品购买者的心理，他们是希望通过比较来获得心理优势的人，如果某奢侈品品牌通过低价走量的方式来打开市场，那么结果肯定会非常糟糕。这就代表在某种程度上，该品牌从少数人拥有的昂贵商品变成了大多数人共用的平价商品，这对于该品牌的核心顾客来说是非常难以接受的。而这么做的品牌属于典型的搬起石头砸自己的脚。

因此，在奢侈品领域中，只有高质量、高客单价和高活跃度的平台才

能给这个行业带来有效的线上客户。

另外，靠明星带动直接销售的方式虽然还有用，但也在逐渐失效。之前 Angelababy 和美宝莲合作直播，2 小时卖了 1 万多支口红，效果显著，但这仅对低价产品有效。这几年最成功的几件营销事件包括香奈儿调价、Gucci 打折，YSL 因为一支口红而占据热搜榜前列。而且从各大品牌最新的财报来看，表现最出色的 Gucci 靠的也是产品，而非名人效应。"奢侈品从最初的'卖品牌'转变成'卖产品'，以应对越来越挑剔的消费者，服务的效果在未来会超过明星的作用。"

因此，在直播带货的领域，我们必须注意到不同行业针对流量和销量的看法，这将直接决定我们直播带货的成功与否。

另外，对于带货主播来说，流量与销量更是一个需要平衡的问题。

现在不少主播带货，都在千方百计地提高直播间的流量。他们往往天真地认为，销量不好是因为流量不足，只要有了流量，那么即使转化率再低，销量肯定也能稳步增长。因此，他们在线上线下各种渠道大量投放广告，钱烧了不少，流量是上去了，销量却依旧惨淡。

这种只会用地毯式广告轰炸，不考虑客户的接受程度和感受的人，其实是一心只想获取最大流量的偏执狂。很多人以为，只要有足够的曝光，就一定有客户买单，其实这是一个误解。单纯地增加曝光量，只有访问量没有成交量只不过是一种垃圾流量罢了，除了增加运营成本外，没有任何的好处。不仅如此，这些垃圾流量的存在会进一步拉低你的转化率，最终还会拖垮你。

所以流量并不等于有生意！当你感到自己带货直播虽然流量很大，但销量却没有跟着大量提升时，请马上停下你引流的动作，不要再白废精力和乱花钱打广告了！不妨反思一下，从其他方面找原因！现在网络发达，提高流量的方法有很多，引流其实很简单。想要真正提高店铺销量，关键要做好以下这些方面：

1. 严把质量关，加强品质管理，为客户提供长久稳定的质量保障，让质量成为一条维护客户关系的重要纽带；

2. 快速摸清市场需求，有计划有节奏地及时推出适应市场的新品，激发和满足顾客新的购买需求；

3. 提高诚信度。树立良好的行业道德标准，不卖偷工减料的产品，不虚假宣传，不误导顾客，不欺骗顾客，树立良好的形象。直播带货是一个长期的事业，不要简单地以获取暴利为目标！

4. 现在消费者的需求呈现个性化和多样化趋势，同一商品的需求量只会越来越少。一款红遍天下、一款爆富的时代已经成为过去时！少而美，是未来发展的方向！所以专注特色经营，专注将一个领域作为突破口，并发挥到极致，努力成为该类产品的权威！

5. 提高形象。一方面直播背景要美观，商品陈列要吸引人，布局合理；另一方面还要提升沟通解释能力。充分了解产品，让顾客亲身体验感受产品的优点。针对不同的客人进行不同的导购，对顾客的疑虑进行合理且具说服性的解答，消除顾客心中对商品的顾虑和异议！言行举止要让顾客感到亲切，服务态度和礼仪要让客人感到如沐春风。做好这几个方面一定会给顾客留下非常深刻的印象！

6. 提高发货速度。发货一定要雷厉风行，不要拖拖拉拉，发货慢会严重影响销量！慢就意味着彼此都在丢失机会！意味着彼此都在丢失金钱！

7. 提供优质、完善、贴心、细心的售后服务。与客户时常保持联系，及时解决客户遇到的难题，妥善解决好交易过程中出现的问题。千万不要逃避，逃避是对客户最大的伤害！

说到这里，大家应该明白，要想真正提高销量，绝非一日之功，还需多方面一点一滴的艰辛付出！及时发现存在的问题，找出销量下滑的真正原因，并想方设法将它解决！

第四节　人性才是直播带货成功与否的关键点 》》》

　　当媒体不断曝出一个个直播带货的销售奇迹时，很多不了解直播的人暗中腹诽道："现在的人可真单纯，只要主播一煽动，他们就乖乖掏钱，可真好骗。"但明白内情的人却会感慨："现在的年轻人可真精明，想赚他们的钱可真不容易。"

　　其实造成这一分歧的原因在于，不懂直播带货的人依然把它等同于十几二十年前的直播。在他们看来，直播就是主播凭借自身的影响力替商家带货作秀罢了，来光顾的都是主播的铁杆粉丝。不管东西如何，只要观众基数大，总有人会买单。在这种理念的刺激下，明星带货就应运而生了。他们认为，既然一些名不见经传的网红主播都能通过直播带来大量的销量，那么让那些炙手可热的顶流明星们来直播带货，不是能够更轻松地复制乃至超越这样的成功吗？

　　结果如何？惨败！

　　当一个个名不见经传的小网红创造直播带货的销售奇迹时，很多家喻户晓的大牌明星却在这一领域折戟沉沙。这不得不引人思考，也开始让人不得不正视这个问题。直播带货的学问绝不是表面上看起来那么简单。

　　现在再回头分析直播带货成功与不成功的案例，我们首先要注意到的一点，是人性的选择！

　　人性是复杂的东西，每个个体都各有不同。但人性中总有一些共通的东西，比如人性中的贪婪。虽然贪婪在基督教中被认定是人类的七宗罪之一，但无可否认，这是潜藏在人基因与血脉中的特质，也就是所谓的人性。而在直播带货中，尤其要关注这一点。

　　直播带货，关键在于带货。直播只是手段而已，归根结底，货物的好坏是决定成败的根基。成功的网红们带货，所合作的品牌大多家喻户晓，这就为直播带货奠定了人气的基础。其次，恰当的商品定价是直播带货确保销量的保障。如果在直播间中买到的东西比在商场里的还要贵，那么还能创造所谓的销售奇迹吗？

参与直播的人是为了给主播捧场吗？错！他们其实是为了自己。在直播间里，他们可以以更低的价格买到自己心仪的好货。

为什么直播带货成本更低？这是因销售渠道的更新换代所带来的福利。在传统的线下销售中，各级经销商的存在以及零售实体商高昂的运营成本，都注定了一件商品从出厂到消费者手上成本的高昂。在这样的环境下，直播带货应运而生。就如雨后春笋的自媒体一样，直播带货成为传统销售平台、电商平台之外的第三条路。

商家与主播的合作方式有很多种，但大部分万变不离其宗。等于通过这样的方式，一个个个体主播成了商家的销售人员。他们获取报酬的高低与商品销售的成绩直接关联，所以对于直播带货，哪怕是一些影响力有限的网红，他们也会使出自己的浑身解数，努力发掘商品的优点，精准定位粉丝人群，做好各种预案，处理好直播中突发的各种不利局面，所以他们的销售奇迹是水到渠成的。

而反观那些花大价钱来请明星直播带货的情况如何呢？

商家首先要承担不菲的明星出场费，这增加了每件商品的成本。最终，所有成本都要通过一件件商品的出售来弥补，在这样的情况下，商品自身的价格便不再具有优势。

再来看品牌效应。明星是大明星毋庸置疑，但商品就参差不齐了。很多小品牌迷恋所谓的明星效应，明明自身品牌没有任何竞争力却依然不惜砸锅卖铁请大牌明星，祈祷借此一战成名。

品牌不出众、明星费用高、商品定价高等种种因素都是直播带货翻车的完美伏笔，失败也是不可避免的。

再来说说人的因素。在流量方面，网红自然是不可能与明星相媲美的，但明星也有自己明显的弱点，他们或者是演员或者是歌手，演戏或唱歌拿手，带货可就不一定专业了。带货是一门新兴的学问，从事前准备到直播结束，打造的是一个完整的体系，看似简单，内里却大有乾坤。

明星直播唯一的优点是热度足够，流量大，来观看的人多，但流量不等于销量。在很多明星的粉丝看来，我是喜欢你，但你所卖的东西对我没有吸引力，免谈；你所卖的东西好像不太好，免谈；你所卖的东西我正好需要，但价格太贵，免谈……

就这样，很多大牌明星直播带货翻了车。

所以，打造完美的带货直播首先要考虑人性的问题。怎样选择物美价廉的商品推荐给粉丝，才是主播们应该学习的第一件事。在这里就要作出很多的取舍了，比如同样的一类商品，A 商品不出众，但商家给的条件好，B 商品自身很好，但商家的合作条件较低，该如何取舍就成为一门学问。其实，这并没有标准答案可言，对于不同阶段的不同主播，都应该结合自身实际来综合考量这一问题。

第五节　直播带货是大势所趋？ 》》》

在讨探直播带货未来的趋势之前，我们不妨分析一下当前直播带货大火特火的内在逻辑。

1. 猛击传统电商店铺的痛点

（1）信息量少，买家就少

传统电商在电商页面中提供的商品信息有限。仅仅通过视频、图文的方式来展示商品信息，有些商品甚至是只有图片或文字，有些图片经过修图处理后往往比实物更美观，这就造成了卖家秀和买家秀之间会存在较大的偏差。这会让顾客在选购过程中不得不一次次地和客服沟通来确定商品的各种信息，这对于买家和卖家来说都是非常不便利的。

而以直播的形式可以让买家看到真实的商品是什么样的，买家可以通过直播这种直观的方式得到更多关于产品的信息，可以更快速地做出购买决策。

（2）用户体验差，品牌效应就低

前文我们分析过传统线上电商的一大痛点问题，就是用户体验环节极差，这是线上电商先天的短板。而对于买家来说，他们需要更加全面地了解商品才能做出消费决策。

而直播带货通过多维度、立体化的呈现方式，通过主播对产品的体验、答疑，通过相关平台对商品的审核，形成一个相对系统化的推荐，解决了买家购前的体验问题。

很多时候，卖产品同时就是在卖服务。产品购前的服务做得不好，卖家会直接放弃继续购买这个产品的念头，让一切功亏一篑。

（3）信任感是品牌的竞争力

传统电商要获得好的口碑，要获得买家的信任，最重要的是靠品牌的背景，产品具备有信服力的品牌才能带来巨大的价值。而直播带货，在头部主播的个人 IP 和产品品牌这双重效应的加持下，更是给产品带来了巨大信任感。

品牌在消费者心中信任度和知名度的建立，是一个品牌持续可见的竞争力。

（4）直播带货具有其天然的社交属性

传统电商缺乏社交行为，虽说可以通过店铺客服来沟通交流，但这种交流往往是单方面的，客服最多就是针对你认识到的问题进行相应的解答，而一些你完全没有想到的问题，客服是不可能替你想到的。因此，当你收到货时才会发现有这样那样的不适。

而直播是实时互动的，不仅可以向主播提问，而且可以进行弹幕交流。与此同时，直播间同一时间有很多用户会分享经验，他们能替你问一些你不曾注意到的问题，让你对直播过程中的产品了解得更全面。而且直播间不同于电商客服页面，如果说去电商页面买东西是严肃、直接指向购物目标的，那么参与直播就可以是娱乐的、欢快的，大家一起刷弹幕，下单购买。娱乐互动属性尽显无疑。

2. 短暂的供需失衡促进直播带货

直播带货，在今天看来是一个充满红利的行业。会出现红利，是因为出现了商品短暂的供需失衡。对于电商平台来说，顾客越多，卖家就愿意来卖东西；卖家越多，买家就愿意来买东西。这是一个极为喜人的良性循环，也是传统电商的增强回路。卖家越多，平台的用户也就越多，同时主播也会随之增多，这也给商家带来了越来越多的买家。通过直播这种新兴的营销方式，蛋糕在一步步地做大。但是，和平台上庞大的买家数量相比，卖家的数量其实相对较少。这样就会出现货少人多的供需失衡，买的人多，但货物却不多。短暂看来，一场场直播的量价成交奇迹就这样出现了，这就是当前直播带货行业出现的红利期。

3. 全球疫情加速了直播带货的发展

2020 年伊始，在全球新冠肺炎疫情的影响下，线下业务转型到线上的趋势逐渐加快。本来按照正常进度，线下线上并行或线下向线上的转型都是一个长期的过程，但因为疫情的客观因素，为了推动国内经济平稳运行，在稳定外贸外资基本盘的同时，一定要扩大内需。中国的消费市场无比巨大，由于疫情外出消费减少，但人的硬性需求不变，再加上防疫需要无法外出，更让线上消费的热情呈现一种井喷的态势。直播带货，能在今天这个时代获得迅速的增长，除了因为它解决了传统电商模式的许多痛点和不足外，还有疫情这个外在的客观因素在促动，这属于时机的红利。

2021 年，直播带货历经五年成长，从一开始只有淘宝和蘑菇街两个平台，到发展为各电商平台的标配。如今，直播带货正以汹涌之势成为中国各种企业追逐的热潮。

但在这种热潮里，我们也要注意直播带货火爆背后的各种问题。

2020 年 11 月 20 日中国消费者协会发布"双十一"消费维权舆情分析报告，点名一些名人直播间。到 11 月 23 日国家广播电视总局官网发布的《国家广播电视总局关于加强网络秀场直播和电商直播管理的通知》，作为2020 年最大的风口之一，甚嚣尘上的直播带货似乎终于进入了冷静期。

事实上，在各种"流量造假""产品造假"事件频出过后，直播带货进入下半场已经是当前的市场共识。从直播风口到直播乱象，电商直播终将回归电商本质。

直播带货作为以直播为渠道来达成营销目的的电商形式，是数字化背景下直播与电商双向融合的产物。不可否认，尽管直播带货的本质仍是电商卖货，但其以直播为手段重新构筑了"人、货、场"三要素，与传统电商相比，直播带货拥有互动性强、转化率高等传统电商不具备的优势。

当然，直播带货的兴盛离不开数字技术的发展、各电商平台的推动、商家对营收渠道扩展的探索、网红文化的形成以及国家政策的扶持。

互联网宽带技术提升、基础资源的扩张都为互联网电商直播提供了良好的基础硬件条件。而采集硬件和系统的升级、人脸识别技术的广泛应用、美颜算法优化、编码标准及芯片升级、云计算应用及 CDN 技术快速发展，保证了互联网直播从硬件和软件基础上都具备了更好的条件，让直播更流畅、更美观、更即时。得益于互联网蓬勃发展的客观事实，直播带货中的用户和主播有了更好的使用体验，为直播带货行业发展带来更多可能性。

并且，伴随着网红经济的发展，国内诞生了一大批具有网络影响力的网红达人。他们通过自身影响和独特优势，对已形成规模的粉丝群体进行购买与成交上的精准、高效营销。自带较高转化率特征的网红们逐渐发展成为直播带货中的核心三要素之一的"人"，即主播。网络红人文化的形成，同样驱动着直播带货的蓬勃发展。

从供给端方向来看，电商行业经过多年发展，开拓新用户的成本在不断走高。在 2017—2019 年，传统电商如阿里巴巴、拼多多、京东获客成本整体呈增长趋势。这说明电商在获客方面已经进入了一个瓶颈期，而直播产生的社交流量不但具有成本较低的优势，而且转化效果显著，使得直播带货成为众多电商获取客流量的新方向。

通过直播实时互动，商家实现商品到消费者的高效接触，大大缩短了消费者的决策环节和决策时间，刺激消费需求。同时，因为直播场景下优惠的商品价格对消费者具备一定吸引力，价格直降、优惠券、抽奖等优惠刺激下，消费者购买意愿大为提升。加之商品"限量""在直播间首发"等噱头的存在，更是进一步刺激了消费者的购买欲望。

此外，直播带货的强互动性和社交性、沉浸式购物体验，深受消费者接受和喜爱。相比于传统的电商购物，直播的娱乐属性被融合进了购物过程中，购物是客观需要，能将这一客观需要融合进直播这一娱乐环节中，消费者不但在金钱上得到节省，还在精神上得到放松。

因此，从数据上来看，直播带货的受众用户在不断激增。2019 年淘宝直播日均观看用户数较 2018 年同比增长超 150%，每天观看时长超过 1 小时的用户同比增长 40%。如此庞大的直播用户数量成为直播带货发展、变现的基础和动力。据 CNNIC 统计，截至 2020 年 3 月份中国在线直播用户规模达到 5.6 亿人，较 2019 年增长 29%，为近 4 年来最高增长率。不得不说，直播带货的吸引力就是这么大。

2021 年，在历经了 5 年高速发展后，直播带货生态已逐步完善——中游平台方、MCN 机构及主播，通过直播这个新的营销平台，将上游商家与下游消费者实现了完美的链接。随着参与者队伍的不断壮大，"人、货、场"三要素日趋多元，更多的直播商品与内容、更多的主播类型、更多的直播场景、更精准的营销形式都将得以丰富，这就客观拓展直播带货价值边界。而 5G 技术的发展和优化，让更互动、更真实、更高清的线上购物体验得以实现，这也为直播带货行业带来更多的发展空间。

2016—2019 年，直播带货年均市场规模增速保持在 200% 以上。显然，在资金、政策等加持下，直播带货仍处于爆发期，并且还将实现进一步增长。

可以说，是直播带货缩短了"货"的传播路径。网红达人的赋能和供应链服务商的加入，缩短了从生产制造到消费者的途径，改变了消费者消费购物的模式。

时下，直播带货行业方兴未艾，增速高、提升空间巨大。直播带货作为数字化时代背景下直播与电商双向融合的产物，顺应着技术发展的长期趋势，仍将在满足消费需求的同时对品牌进行重塑和为平台带来新发展。

但同时，随着各大平台加码直播带货布局，在行业高速发展的背后，危机也逐渐浮出水面。

一方面，随着行业内竞争加剧，人才争夺日益激烈。MCN 机构面临"签不到优质主播"和"签到了却管不住"的两难境地，行业内规范化程度低也给行业生态带来不良影响。

2021 年，这个问题显得尤为突出。以李佳琦所在的公司为例，在 2019 年，公司除了李佳琦外还有 300 多位签约主播，李佳琦业绩虽然突出，但也只是公司旗下的一个主播。各个主播虽然业绩各有高低，但从身份上来说他们都属于同一公司旗下的主播，并无高低之分。但因为激烈的竞争，公司发现即使他们投入再多的资源，依然是强者恒强、弱者恒弱的局面，而到了 2021 年公司曾经的主播们都纷纷出走，只剩下李佳琦一人。全公司上下约 300 人都围绕着李佳琦一人服务，这也给李佳琦带来了空前的压力。可见，在人才的争夺上，已经形成的格局逐渐在固定，优质头部主播一旦确立了市场地位，只要没有太大的丑闻导致封杀，这样的格局是难以扭转的。

另一方面，在消费者对主播直播带货的新鲜感和好奇感过后，主播类型由于内容差异不明显、审美疲劳使得同质化问题凸显。以明星带货为例，随着直播场次的增加，明星带货销售额递减。消费者在新鲜感退却后，对主播同质化的直播形式和内容产生审美疲劳，导致带货量呈下降趋势。

在 2021 年的"618"电商节中，薇娅和李佳琦的带货就充分说明这种同质化的现象。双方作为直播带货界的"一哥""一姐"，所带的货品却基本大同小异，连价格都一样，这不得不说当前直播带货的同质化问题已经达到了一种泛滥的境地。

特别值得一提的是，直播带货的数据直接关联着主播的"身价"。商家坑位费和佣金的多少主要根据主播的人气、流量和带货业绩来决定。同时，更多的流量也会给主播带来更大的议价权。因此，在直播带货追逐"全网最低价"的时代，主播只有拥有更多流量，才能在与品牌方的合作中占据主动权，进而拿到更优惠的商品，吸引更多的流量。

这也导致了数据造假这一问题的根深蒂固。直播间的人气数字往往可以根据主播的需要来进行调整，这甚至成为不少主播维持生存的方法。比如，在李雪琴亲历的直播带货造假的事件里，"双十一"当天，李雪琴作为嘉宾参加了某平台的一场科技直播带货，最终观看人数达311万人。结果被曝其实只有11万真实观众，而和她互动的大部分也都是虚假的机器人。

此外，随着直播带货行业的发展，蓝海逐渐变红海，马太效应也已经显现。目前，直播带货行业入局者井喷式增长，而直播带货的边际效益却在逐步递减，大部分资源向头部机构和达人集中。

头部主播的收入也拉高了带货主播的平均薪资。据BOSS直聘发布的报告，2020年上半年，带货主播的平均月薪为11220元。然而，事实是在这万千主播之中，有71%的主播月薪收入在1万元以下，且他们每天工作10~12个小时是常态。但即便如此努力，他们依然达不到平均线。显然，在直播带货高度竞争的行业，这种带货主播之间的竞争白热化甚至达到两极分化的程度，这将不利于直播带货的长远发展。

虽然短期各大直播平台都在围绕流量进行竞争，但直播带货的本质依然着重于"货"，货品质量对直播带货生态起着至关重要的作用。根据中国消费者协会调查报告，消费者没有参与直播带货购物占比最多的一个原因，就是担心商品质量没有保障。虽然有主播进行答疑，但这依然不能打消所有顾客的疑虑。

同时，直播带货还存在一个顽疾，即高退货率问题。这其中既有数据造假引发的退货（主播雇人刷单制造高销量数据，之后会进行退货处理），也有可能是因为消费者不满意商品质量而产生的退货。据统计，直播带货中的平均退货率为30%~50%，高于传统电商退货率的10%~15%，是品牌官方电商销售渠道退货率的2~3倍。

直播带货事故在不断攀升。这也提示了所有的行业参与者，在直播带货高增长的同时，也应该自主加强商品品质控制，实现对直播带货消费者的有效留存，引导复购。

终于，在近年来直播带货引发众多"流量造假""产品造假"现象后，国家广播电视总局官网发布了《国家广播电视总局关于加强网络秀场直播和电商直播管理的通知》，力图规范行业乱象。

据不完全统计，近几年来已有 10 余份直播行业监管文件出台。这也体现出了政府的态度，直播带货终将实现从当前的野蛮生长状态逐步过渡到规范发展的状态中去。

直播带货作为数字化网络时代背景下，直播与电商相互融合的产物，是数字经济时代下的大势所趋。在直播带货蓬勃发展的同时，我们也要警惕其中的乱象和泡沫。终究，直播带货会回到其卖货的本质，一切行动只有围绕"货"展开。只有注重提升商品的品质，直播带货才能够历久而弥新，增效且长远。

第六节 全网最低的真与假 》》》

和大多数促销一样，直播带货往往价格会特别低廉，而且给人一种全网最低价的心理暗示，但也有特殊。

在 2020 年著名的那场名人直播带货——罗永浩首秀中，不少消费者表示，107 元购买的某坚果，在淘宝官方旗舰店中类似的商品仅 79 元。此外，诸如某巨能写中性笔，也在直播间中不断被人爆出其价格高于其他电商价格。

类似这样的翻车，在许多直播带货中都时有发生。为什么直播带货的价格更贵，可销量反而更大呢？

1. 真有全网最低价吗？

很多人都相信带货主播能够拿下全网最低价。

在通常情况下，作为短时促销，商家尽管需要给主播一定的费用和销售提成，但为了让销售效果"出人意料"，也往往会给出一个足够低的价格。

此外，在越来越多的品牌老板开始进入直播间带货后，其本身的地位决定了拍板能力，也让其销售的自家商品，确实能够以极低的价格回馈用户。

前面所说的格力电器的董明珠，就是一个极其典型的例子。

一言以蔽之，直播带货的销量，第一决定因素是足够低的价格，最好是当时段内全网最低；其二是主播的影响力，而这个影响力最终也依然表现为主播对具体商品的议价能力。

此外，旗舰店和各色门店，无论线下还是电商，都是长期销售渠道。业务量讲求细水长流，而直播带货本身和过去的线下签售和线上的"双十一"大促相似，都是短期促销行为，只是频率更高。

因此短促出击，可以尽可能压低价格，来获得爆款影响力，为门店后续销售铺路。因此在选品上也会选择低单价（容易激发冲动消费）和高折扣的商品，来刺激潜在受众。

但这不足以解释为何直播带货中会出现并非全网价格最低，却销量依然巨大这一悖论。

2. 为何看上去价格很便宜？

出现非全网最低价的原因，或许有以下三种：

其一是渠道不同，厂家直供也未必就是最低价。

如某些商品会因为经营该款商品的店铺众多，而出现价格不一的情况。部分商家以让利甚至亏本的方式进行促销，或参加平台的短时促销活动，都可能出现低于直播间价格的情况。

同时，由于供应链上下游的供应商、经销商、客户等方面易出现对接不畅问题，全网价格并不统一，在直播带货中，出现其他渠道低于直播间价格，就在所难免。

其二是狂蹭热点，对标直播间价格获取销量分流。

有主播就曾经在社交媒体上，就其直播带货时价格并非最低给出了一个解释："一些平台的更低价格是平台为了蹭其流量，自己贴钱故意做低价格。"

之后，"618"消费维权舆情分析报告称"直播带货最火爆各方关注问题多"，"典型案例1：直播翻车双倍赔偿"，"低过老罗"成热词。对此，罗永浩回应称"这是我们无法控制的"；"换个角度看，这客观上给消费者带去了更多的实惠"。

这种情况，确实存在。网络的开放性和及时性，让过去商品价格上的信息不对称得到了极大的改善，同时也让商家的营销策略达到了极致。

明知顶级主播带货可能带来该类商品的全网热搜，有能力的平台和商家又怎么会放弃分割这个流量蛋糕的机会呢？

价格战是直播带货的一大利器，允许主播直播带货，又怎么能禁止商家降价蹭流量呢！

其三则是高折扣的带货商品，本身议价空间太大所致。

议价空间大，加上主播抽佣的比例，使得其所谓的"直销"尽管扁平化了渠道，但可能未必让价格达成真正的极致扁平。

3. 价格更贵，卖得更好？

其一是信息不对称下，受众乐意相信主播带来的是全网最低价。即使非全网最低，也乐意相信厂家直供的品牌和品质保证。

但经常在价格上翻车的主播，会逐步丧失这部分信任。换言之，消费者多花钱的部分，其实是主播自己的口碑价格。

其二是主播选货模式，让消费者乐意为节约的时间成本买单。

直播带货大多以主播的口碑来为品牌或商品品质做保障，这一过程极大地节约了消费者在电商平台上反复比较的时间成本，这部分成本也就成了主播和商家之间议价空间的一部分。

尽管有时不是全网最低价，但节约下来的时间成本足以让消费者为之买单。

其三是直播带货的商品价格对于消费者来说已经有所脱敏。

直播带货的主流是口红、面膜、食品以及一众快消产品。表面上其本身单价通常在百元以内，且竞品众多，在日常电商场景或超市场景下，消费者对于价格的敏感性是比较强烈的。

例如，通常情况下，在电商平台上，同类商品价格参差不齐，加上排列有序，很容易激发其用户的价格敏感度，他们往往会多选择几款放入购物车后再次进行精细比较。

但在直播带货中，通常一个主播单场次尽管会推荐不少产品，但大多单个门类只会选择一个单品。消费者由于缺少比较空间，加上低单价、高折扣商品所带来的让利空间极大，双重价格脱敏状态下，消费者对价格的敏感度会变得更低，在潜意识中"最低价"的诱导下，容易冲动消费。

第七节 售后与管理才是带货直播的最大痛点 》》》

直播带货是以网络红人为载体，以内容为介质，商品通过网红生产的内容触达用户，从而形成购买力。相对于其他电商模式，直播带货具有传播路径更短、效率更高等优势，但是想要做好直播带货却不容易，除了销售能力，售后服务也是影响电商主播的很大要素。

有问题并不可怕，关键是解决问题的速度和力度要跟上。任何一个行业的成熟都会经历不断暴露问题、解决问题的逐步完善的过程，对于新兴行业而言更是如此。

规范直播带货行业的发展，平台首先要责无旁贷。具体而言，平台既要做好自律，也要做好对平台内商家与主播们的管理。

一方面，可以完善网红带货的诚信评价机制，将粉丝评价、举报以及监管部门的调查处罚信息等记入评价系统。把违法情节严重、污点信息较多的"网红"拉入黑名单，取消直播带货资格，利用失信惩戒手段规范直播带货行为；另一方面，敦促一些主播在相关领域形成更强的知识储备和专业度，引导他们在直播之外花更多的时间用于挑选商品、试用商品等，从而让粉丝们在直播时有更好的购物体验。

　　作为直播带货领域的头部主播，薇娅团队也同样面临售后这个问题。据了解，为了保证订单的品质，在前期的选品环节，薇娅团队会保持120分的严谨。但不管是什么产品、多大的品牌，订单量大一定会有售后问题。

　　比如主播在直播间里说某个东西很甜，但每个人对甜度的认知不一样；再比如，水果的批次不一样，评价也会褒贬不一；运输季节也有讲究，夏天运输和冬天运输的结果可能就会截然不同……还有各种不确定因素，包括商家或工人发错货的情况等。没人可以保证每一单都不会发错，也不敢保证次品率为0。

　　关于"度"的把控一直都很难避免主观，据薇娅回忆："刚做直播时，我们也曾忽视过售后这一环。有一次，因为开始时没跟商家对接清楚，我们高估了对方出货的能力，订单过多，导致商家无法按时交货。我当时非常难受，每天都在发愁怎么办。"

　　薇娅的丈夫董海锋说："这或许不是一件坏事。有时候发现问题并不可怕，可怕的是发现问题却不解决。我们现在可以和团队一起商讨，如何同商家对接清楚库存、售后等问题，避免以后同类问题的发生。"

　　现在，薇娅会要求和商家一起做售后，跟品牌会有更多环节的沟通，包括售后服务如何更完善，如何把控商家的产品品质，如何安排质检、确认库存，如何审核标准化，有没有专属优惠，等等。

　　薇娅公司组建了一个将近200人的客服团队，每天高效处理各种售后问题。一旦出现投诉，如果商家没有给粉丝及时回复和处理，薇娅团队会作为中间桥梁进行协调管控。

　　如今，直播带货市场尚未真正成熟，产业链各方亟需得到进一步规范。

　　薇娅作为头部主播的带头人，其维护售后体系尚且如此艰难，新入行的主播那就更不用说了。新入行的主播要充分意识到这其中蕴含的危机，尽量选择有责任心的商家合作，而不要把目光都盯在利益上，毕竟，一旦爆雷，损失的是自己的信誉和机会。

我们再来看看另外一位头部主播李佳琦的直播间里发生的问题。

之前，李佳琦团队的某位工作人员不顾团队三令五申的规定，借助直播延时的漏洞，多次抢消费者的福利红包，被网友送上热搜。随后，李佳琦便带她直播道歉。当晚直播间里她声泪俱下，身旁的李佳琦也心疼得红了眼眶。对此，很多网友以及自媒体都纷纷表示这是网络暴力，网民戾气重，有网友直言：几十块的小事至于吗？

这真的只是小事吗？

事情发生之后，网友态度两极分化严重，有人觉得事情没必要闹大，甚至上升到网络暴力的层面上。也有网友则认为这件事反映了职场态度和服务专业性问题，应当严肃处理。

早前在发生此类事情时，李佳琦及其工作人员就表示：以后工作人员再参与抢红包，要罚十倍的金额发给大家。可就算经历过这次事件之后，却依旧屡禁不止。这也是网友言论两极分化的主要原因。

这件事肯定是不正确的，是有损职业道德的，但在这里笔者想借助此次的争议聊聊直播带货爆火背后所存在的问题。

一句"OMG"见证了一个新产业的崛起，李佳琦作为站在直播风口的男人，他的成功显然是不可复制的，却也是有迹可循的。李佳琦非常重视IP营销，"口红王子""OMG""买它买它""直播一哥"等几乎每个标签都为其带去了极大的流量。同时对于其团队的营销也是跟他本人的人设十分相近的，从小助理付鹏到此次事件牵扯到的员工几乎团队的主要成员都能被大家叫出名字，粉丝众多，甚至连李佳琦的狗都成了热门大IP。

而正是这种头部流量带动下的直播带货，打破了电商的竞争生态平衡，成为消费者良好服务机制的一大短板。

众所周知，作为淘宝直播的头部流量，薇娅和李佳琦几乎瓜分了淘宝直播的绝大数观众，头部主播势力过大，腰部主播极度缺失，这也就造成了直播带货行业的垄断现象。而有垄断就容易有偏颇，就容易产生变形失格。

一、消费的形态变了，服务应该降低标准吗？

就拿此次李佳琦直播间"员工抢红包事件"来说，这已经不是李佳琦第一次为团队发声了。虽然李佳琦的确做得很好，他的努力和敬业也有目共睹，但这并不代表他就是一个合格的领导者和管理者。如果那位员工在第一次违反规定偷抢红包的时候，李佳琦就能通过批评教育甚至是严格执行罚 10 倍红包金额的规定，让她意识到事情的严重性，或许也就不会有今天的事情了，慈不掌兵就是这个道理。

不可否认，相比于传统电商的"搜索式逛街体验"直播带货让消费者更加有"沉浸式购物体验"。但对于有些人所表示的"直播带货几乎可以等同于实体购物"，笔者不能苟同。

事实上，相比于线下实体购物及传统电商购物，直播带货的消费者是完全被动消费的。就像观看高级一点的电视购物，我们对直播的选品与商品信息是被动接受的。并且在直播中，买卖双方的互动常常是一对百万甚至一对上千万的，存在着极强的信息不对等性，根本没有办法实现一对一的购物咨询及服务。同时，直播带货的售前、售中服务，也都是通过一对多的方式实现的。

一个普通的带货直播间，通会常配备三个员工：一个运营兼客服，负责上链接，解决粉丝售后问题，一个主播，负责直播卖货，一个助理或者场控，负责和主播打配合。

直播带货客服，确实是分担了一部分电商店铺客服的售前引导、售中促单，以及和电商商户的联合售后工作。但相比于传统的电商客服长线时效性相对较弱的工作性质，直播带货客服更注重短时间的高频次工作，常常需要眼观六路耳听八方：快速上架、解答顾客问题；指导顾客领取优惠、下单付款；解决顾客下单疑问，做好详尽备注，核对顾客订单信息，时不时还要来波客串。相同的是，其与传统电商客服都需要做会员用户的建档与维护，进行查单等售后工作。

直播带货作为一种社交电商垂直细分下的模式，其针对的产品品类是丰富多样的，很多主播的直播间大至家用电器，中至各类化妆用品，小至抹布纸巾都有涉猎。也就是说直播带货的客服的信息数据处理量将会是"只针对一个品类、一家商户"的传统客服的几何倍数。他们需要了解各式各样的产品种类及产品特性，并对用户的需求问题进行预判，建立起产品及客户的内在联系，才能更好地服务于客户，对产品进行更好的售卖。而这对于个人来说，除非他是内裤外穿的超人，否则是很难完善高效地完成这些的任务的。

同时，直播带货客服在直播过程中与主播以及助播的配合也直接影响着产品的销量。就拿李佳琦 3 月 22 日晚上的直播来说，因为抢红包道歉事件，李佳琦及其团队情绪波动很大，导致当晚产品销量任务一大半没有完成，观看量更是"老对手"直播间的一半都不到，这对于李佳琦来说也算是职业生涯中罕见的翻车大事件了。

但同样是李佳琦直播间翻车的"阳澄湖大闸蟹"事件，却体现了李佳琦直播带货的服务责任心。事情起因于有人投诉李佳琦售卖的大闸蟹并非阳澄湖大闸蟹。事后经调查，是商家与直播团队在信息对接上出现了偏差，导致主播无意间进行了误导购买。事后，李佳琦所在公司发出声明，将与商家共同处理此次售后事件，承担所有售后责任。

这次的事件虽然圆满解决，但也反映出了直播带货在服务规范上所存在的众多弊端，以及其需要优化的方向。

二、行业千变万化，服务始终是宗旨

根据直播带货的经典模式，产品制造者借助直播社交平台的强关联性进行渠道下沉，再加上其跳过中间商与头部流量直接对接，使得商品具有极大的价格优势。所以，直播带货在很短的时间内便获得了突飞猛进的发展，直播模式作为当代社交电商的代名词被众多商家追捧。

随着越来越多的平台、商家涌进直播带货市场，瓜分市场流量红利，如何抢占市场流量，增加粉丝黏性成为每个商家的必修课。而仅仅只依赖于个人 IP 效应，热度将是短暂的、不稳定的。消费者不是傻子，不会仅仅因为粉丝效应而进行持续稳定的购买行为。大流量的网红、大 V 或因为卖假货、产品质量不过关、售前售中售后服务态度差，或因为其个人私生活问题及人品失格而被消费者抛弃的现象也屡见不鲜。

因此，直播间选品的可靠性、主播的个人影响力都是直播间观看数据的主要影响因素，但购买者的粉丝黏性及下单率、回购率更多的取决于直播带货的售前、售中管理以及售后服务。一味地让消费者被动购买显然是对于消费者盲目消费的一种引导以及消费者购买欲望的无止境消耗，我们看到的用户对于直播带货平台的诸多诟病，其实正是这种现象的集中体现。

如何更好地为消费者提供售货服务？服务客户就要用客户的视角、客户的习惯去衡量服务体验的合理性；服务不局限在客服而是体现在与客户交互的每个触点；客服中心要去中心化，要将服务的管理和体验集中管理，而服务本身也要去中心化，融入每一个岗位当中。

也就是说，服务人员应该实现由"基本的服务意识"到"服务基因根植于自身"的转变，客服人员应该拥有洞察用户需求的能力，进而推动产品及直播服务的优化。

在售前，主播应当更加了解自己产品的特点，以及观看客户、潜在消费者的需求痛点，找到商品与用户的契合点，才能对消费者进行合理引导，以此为消费者提供更好的线上导购服务。

在售中，主播更是应该秉持实事求是的态度，为消费者提供更详尽的讲解服务，不做任何的虚假夸大宣传。而真正考验直播带货的便是售后了，很多直播带货对于合作品牌选择时并不会考察其售后服务是否合格，甚至很多对产品质量的考察都不见得过关。这也是行业必须进行优化的原因所在，否则所谓的直播带货只是金玉其外败絮其中。

三、售后服务机制具体的优化途径有哪些呢？

企业联动建立售后保障。在与品牌合作中不能只做产品的售卖，更是要承担起消费者的售后保障责任，在消费者与商家产生售后纠纷时协同承担责任并敦促合作品牌进行妥善处理。这是对消费者的负责更是对自身口碑、直播行业规范的负责。

直播带货主播建立规范的售后保障团队。直播带货主播团队自行构建售后机制，在品牌选择前对于意向合作方进行全面的售后调查，并在产品售卖后的一定期限内进行跟踪服务，在消费者需要答疑解惑及维权无果时及时介入协同平台商家一起处理。

直播带货平台搭建完善的售后保障体系。如淘宝、抖音、快手、拼多多等平台，均已成立专门直播带货的售后申诉平台，协助监督直播团队及其合作品牌的售后服务，并全权受理自家平台上因直播带货而产生的售后纠纷。

简单来说，企图用直播带货概念来打破传统电商低互动社交性的痛点，却形成了另一种形式的流量垄断，头部流量垄断、消费者权益无处申诉势必会增大消费体验缺失的风险。行业千变万化，抓住客户需求与消费体验、提升售货服务才是真正的长远之道。

第三章

带货直播的基础设置

第一节　优化选择货源和产品是成功的基石 》》

无论是厂商直播带货寻找主播，还是主播寻找货源都是直播带货的运营中优先需要解决的问题，也是优化选择合作伙伴首先要面临的问题。

在这里，我们可以先介绍主播该如何寻找货源。尤其对于新手小白，最需要注意的就是可靠的货源。

通常来说，主播选择货源往往有以下四个渠道：

一、高佣平台拿货

现在很多平台在寻求主播带货，他们往往会设置优厚的条件来吸引主播参与，但是对于主播来说，选择该平台的货品存在着很多劣势：首先是货源没有优势，拿不到低价，在纷繁复杂的市场竞争中就没有竞争力，销量上不去，高返佣就是镜花水月。其次把控不了产品的品质，一旦产品的用户使用体验不好，连带也会影响主播自己的带货口碑。所以对于要长期在直播带货行业发展的主播来说，不建议选择这个平台。

二、从工厂拿货

规模比较大的主播一定都是有长期稳定合作的品牌或工厂的，而且一般合作的工厂都在两家以上，这样货源能够长期更稳定，单量也会比较大，最重要的是方便比价和压价。如果是新手主播，前期和工厂合作这条路是很难走通的，因为新手没有经验，如果是正规工厂，也存在"欺生"的情况，要是遇上一些坑人的工厂，可能结局会更糟糕。

再者，和大工厂合作，存在着进货数量的困扰。如果进货量太小，一般工厂是不会搭理你的，更不会给你优惠。同时因为没有经验，很难看到货品的全貌，这样很容易就被对方了解到你的虚实，导致在后期的合作中问题层出不穷，你只能被动挨打。

另外，和小工厂、小作坊合作也同样不保险，这些规模较小的小厂、小作坊的产品质量以及出货效率都很难保证。如果合作，要深入工厂了解情况，而不要完全听信销售的话。一般等到后期单量足够多了，也对这个行业有些了解了，有资本谈条件时，再采用这个合作模式。

三、附近货源地拿货

对于带货主播来说，产品特色也是一个必须要考虑到的问题。虽然带货面对的是全国的消费者，但不同的货品往往有自己的货源地。选择离自己最近的货源地拿货，一是能节约成本，二是可以体现产品特色。比如一个新主播要给厨具类产品带货，那么他身处山东或者广东就会具有地域优势。而要给女装带货的话，杭州四季青、广州十三行、临沂批发城、上海打浦路、北京燕郊等，这些都是女装比较大的线下批发市场，拿货非常方便。

如果想要做某个品类的生意，基本行业的主要产业带在哪，都是需要提前知道的。如果恰好身边就有大型批发市场是非常方便的，可以直接去找货源，尤其在刚起步销量不高的情况下，选择自己所在地的批发市场进货已经可以满足需求。

在批发市场进货的优势是可以实地考察，与供应商直接沟通，了解对方的各种情况，如产量、产能等。但劣势是数据不透明，需要有很好的经验去辨别和很强的议价能力，要争取将价格压到最低，同时与批发商建立好关系，还可以提前定好一些调换货的规则，从而避免日后产生纠纷或者压货。从源头拿货可以减少周转环节，降低进货成本，保证商品质量。不过源头拿货要求的量都很大，一拿成百上千件，如果量不够多的话，批发商也不乐意。所以这种进货方式还是要根据主播自身情况来考虑。

四、线上拿货

除了线下选择货源外，被用到最多的方式还是线上拿货。目前网络上最大的批发网站就是阿里巴巴，而且阿里巴巴上的很多厂家支持一件代发，很适合新手，毕竟投入少、风险小，没有库存压力，既能锻炼新手的选品能力，也能在做的过程中发现自己是否适合，如果真的不想做了，损失也不大。

带货新手主播应该根据自己的实际情况来制定适合自己的选货策略，在起步初期尽量避免大的损失。

解决了主播和货源相互匹配的问题后，选择产品也是一个绕不开的话题。我们可以从 3 个方面来作出产品选择的取舍。

1. 匹配程度

主播与产品的定位要高度匹配，越匹配越好。主播本身的气质、形象、粉丝群体都是有差异的，比如性格比较活泼外向的主播，就不适合代言稳重专业的产品，这样顾客的认同度不会太高。

2. 性价比

有些商家觉得，直播只要是卖价格便宜的产品就可以了。其实并不是这样的，顾客关注直播带货，除了低价以外，更注重的则是性价比。现在的用户对于性价比要求很高，要营造出这种感觉，通过一系列的展示、话术营造出产品质优价廉的形象。

3. 对比

一场完整的直播，不会只推一个产品，很多时候会选择几个不同的产品交替推荐，所以可以尝试挑一些低价产品先展示出来，用于吸引眼球，然后再挑选高质量、价格适中的产品进行对比，满足不同用户的需求，这样可以同时带动两个产品的销量。

以上就是直播带货选择产品的全部内容了，作为商家或个人的话，先确定合适的产品，再选择合适的主播，再制定直播方案。这是一般直播带货的具体流程。如果能提前写好脚本的话更好，这样才能尽量避免直播过程中出现混乱的情况，同时，还要根据观众的反馈调整选品策略，反映不好的产品要及时下架。

以上就是直播带货中有关货源和选品的解决方案了，主播选择货源，方式多样，但没有什么方式是十全十美的，最重要的适合你当下的情况。

对于新手主播来说，要明白欲取先予的道理。在直播开始的时候，可以根据自己的客观条件先给粉丝送东西，除了送东西也可以在价格上面做些优惠，活动限量领取多少份，作为一个直播诱饵，用来提升直播人气，付出很小，收获却很大。但这只是初期的策略，万万不能作为主要的销售手段。

最适合新手主播的应该还是一件代发，等直播有了起色和人脉基础，再选择和厂家合作，才能有一个更好的起步。

说了主播选择货品和合作伙伴的问题，我们再来看看厂商要选择直播伙伴，又该如何选主播。

先说第一点，如何找到合适的主播带货。这一点关于主播粉丝量、类别的内容就不用细说了，人人都知道头部主播粉丝量大，带货能力强，但同时佣金也高，怎样用适当的价格选择适合自己的主播就要看主播的定位。我们以薇娅和李佳琦来举例，分析一下商家该怎么根据主播的定位来选择主播。

其实在带货模式上，我们首先来参考一下头部主播们的方针和类别。比如李佳琦和薇娅，他们虽然都会直播带货各类产品，但这两者还是有很大区别的。

薇娅在选品上会比较杂乱，几乎是淘宝上只要有卖的，她都会带货，但前提是这种货品肯定是有品牌的，而且能给予她足够低的价格。低到什么程度呢，基本上是全网最低了，不仅如此，她还要求商家向用户发放优惠券、赠品、福利等。

这样一来，薇娅的直播间会有个比较明显的优劣势。这种优势和劣势又相互融合，优势即人群覆盖面广，只要是有消费需求的顾客，无论年纪、喜好都有可能在她的直播间里找到心仪且低价的货品；而劣势同样基于此点，选品太杂乱，直播间的顾客几乎覆盖全年龄段和全部圈层，用户定位会非常难。

而相比之下，李佳琦的带货直播虽然也有其他类目的产品，但其直播的主要精力还是聚焦在女性美妆护肤的品类中，每场直播美妆护肤类基本上都会占据总时长的一半以上。并且直播的原则就是追求高质量产品，在价格方面就没有薇娅直播间那么大的优势了。

李佳琦的选品、带货模式与薇娅相反，在优劣势上自然也是相反的。李佳琦直播间的优势是：客户群体非常明晰，大部分是热衷于美妆护肤类产品的白领、学生阶层，年龄大约在16~35岁，但劣势也同样在此，即覆盖面窄，除了这两个大的群体外，其他人员则很少进入直播间购物。

简单来说，薇娅的带货直播总体原则在于帮助粉丝省钱，李佳琦的直播间则致力于帮助粉丝买到最为合适自己的产品。

对于厂商而言，要选择合适的主播带货，可以根据产品人群和价格来有针对性地选择主播。在分析主播时，可以先给主播进行一个垂直的定位，如果产品属于适合所有人的一般生活用品，选择像薇娅类的主播，走薄利多销的路线应该是没有错的。如果产品针对的客户群体非常明晰，适用的人群也很明确，就应该选择李佳琦这一类的专业主播。

另外，商家选择主播还要注意规避其中存在的一些风险。商家如果没有能够宣传、创作、直播的人员时一般会选择合作，在选择合作伙伴时，该如何保护自己呢？

厂商在找主播合作带货前，应该切实考虑到以下几个问题，并在合约上反映出来才能有效地避免踩雷。

鉴别该主播的直播间是否存在数据造假等问题。比如花钱买粉、机器人撑场面等。厂商与主播的合作一般是直播服务费+佣金的收费模式，而正常的佣金是销售额的20%左右。假设为营造直播间热火朝天的氛围让你刷单、打赏带节奏配合，无疑增加了商家成本，是主播在合同外的额外收入。

还需注意防范以直播带货为名的庞氏骗局。这一类骗局表现为：主播不断地签约合作商家，但对于直播合同的履行却并不积极，如果合同没有执行到位，他们一开始会对商家按比例退款，但并不是一次性全部退还，有可能是部分退还或者以新的直播来充抵。但随着新签约商家不断增多此主播随时有卷钱跑路的可能。

随着直播行业的兴起，要提防不法分子以"共同捧红主播"为名，进行非法集资，最后人去楼空。

以上几点都是商家在选择主播前所必须要考虑到的问题，只有针对这些问题进行着重思考，并在合约上避免以上的雷区，才能让自己在合作中得到有效的保护。

第二节　新手小白该如何定位？》》》

新人主播想走直播带货的道路首先需要知道，在直播间里哪些商品最好卖。

根据《2020 年直播带货行业报告》显示：绝大多数直播带货粉丝的兴趣点主要在快消品上，他们追求的是产品的性价比。

在各大直播带货平台上，淘宝的直播带货类目是最为多样化的，主要有服装、美妆、母婴、美食等；快手、抖音主要是实用型产品居多，比如美妆、日用、女装、饮料食品等。

从广义角度来看，直播目前已经覆盖了全部行业，但并不是所有行业都能通过直播获得直观的业绩增长。总体来说，美妆、服饰、快消品是直播的强势品类，比较受大众欢迎，销量是非常不错的。

所以，新手在选择产品品类的时候最好能围绕着这些热门品类进行。只有这样才能在直播这个领域中在初期获得粉丝的助力。

确定了快消品为热门品类后，该如何选择适合自己的品类呢？

1. 根据粉丝调研选品

我们可以利用短视频直播数据分析工具，了解粉丝的画像侧写，从而分析他们的属性和需求是什么。比如说粉丝的年龄、男女比例、消费水平、对产品的需求、对价格的敏感程度等。

根据这些需求，及时补充自己的产品品类，满足粉丝的需求，促进消费。

2. 根据内容垂直度选品

如果你是内容达人的话，就可以围绕账号定位来选择垂直领域的产品。比如你的内容以萌宠为主，那么选择宠物用品作为开端就是一个不错的起步，等有了一定基础后，再去卖其他品类的产品也不晚。

如果你不是专业达人，就可以优先去选一些你喜爱、有一定了解的产品类目，通过自身实践来选品推送，也能逐渐打开局面。

如果你是无属性的达人，可以按照粉丝的客观需求来选品。比如年轻的女粉多，就卖美妆护肤、女装、美食等；男粉多，就可以卖数码产品、游戏配置品、汽车用品等男性常用的产品。

3. 市场调研选品

市场调研的方法有很多，最简单的方法有：和同行业的人沟通交流、做调研问卷、网络调查等。做网络调查的话可以去淘宝、京东等电商平台找你想要销售的产品，掌握价格、成交量、评价等信息；然后分门别类地进行数据汇总，这样一些关键数据和信息就可以一目了然了。

4. 选择热门产品

要带货就要学会蹭热度，比如某古装电视剧火了，你可以选择剧中饰品的同款进行推荐，一般会有不错的收益。

5. 利用工具选品

利用工具做分析选品能更加便捷！学会利用各种数据分析软件能知道很多一手资讯，比如：直播带货中哪些产品的销量是最高的？哪些产品在直播的黄金峰值阶段销量是最高的？哪些产品的用户点击量最高？

我们可以对这些数据做一个收集统计以及分析，然后根据结果并结合自己的账号定位和粉丝需求来进行初步的选品。

6. 选择复购率好的产品

直播带货的粉丝群体是比较稳定的消费圈层，将销售目标定位于新用户身上是不切实际的，因为新用户在一定时期后是很难快速增加的。因此，我们可以选一些复购率高的快消品，直播效果会更好。

除了产品选择外，无论是主播还是厂商，都离不开系统定位的选择，比如平台的选择、宣传手法的选择、时机的选择等，下面我们就讲一下这个问题。

第一，选择适的宣传平台。

不同的观众喜欢不同的平台，要选择合适的平台，少不了要对目标客户群体的上网行为进行分析。选择的平台必须要符合目标客户的活跃习惯，这样才能尽可能多地吸引目标用户参与观看。

第二，要选择合适的宣传手法。

不同年龄层次的顾客，偏爱的宣传手法也不尽相同，要根据产品顾客的年龄区间来进行选择。针对年轻的客户所需要的宣传手法是偏向于短时间内抓住眼球的方式，同时在宣传用语上要偏向年轻化；而针对年龄较大的客户，需要抓住他们最关心的问题来进行有效解决，尽量在较短的时间内将注意力引到他们所关心的实际问题方面。

第三，要选择合适的产品宣传策略。

不同的产品适用的宣传策略不同，这要根据产品的具体特性来进行调整。比如化妆品类中的女性化妆品针对的一般是女性客户，所以要从吸引她们目光的角度出发，比如产品的特效，所能达到的效果，以及对皮肤的伤害问题，这才是她们所关心的。虽然在价格方面，她们也会比较关注，但这往往都是最后一步的考量了。而男士化妆品针对的男性客户首先关心的是性价比问题，然后才是其他，所以针对不同性别客户的产品都要因人而异地选择合适的宣传策略。

第四，要选择合适的直播时间。

直播的时间也是关系到直播流量的一个要点。通常来说，晚上 7：00 至 10：00 既是传统的影视黄金时间，也同样是直播的黄金时间。要吸引更多的用户观看直播就要选择最好的时间段。另外，在日期的选择上也一样有讲究，通常来说一般大型的直播购物都是会配合相应的购物节等电商节日，时间最好选择在平常的周末，既不能在工作日也最好绕开大的节日。这是因为日常的直播，客户因为工作或者生活并不一定有时间观看，而在大的节假日客户又通常会出去走亲访友或者旅行，因此平常时间的周末时间，是顾客最有可能观看直播的时间段。所以，选择适当的直播日期和时间也是必须要注意的要点。

第五，要选择针对性强的主播。

厂商在选择直播带货的主播时，经常会陷入困境。选择的明星过于大牌，费用就高，成本就会被拉高，而且带货的结果往往并不和明星的地位成正比，可能费了大价钱合作的主播成绩平平甚至销量惨淡。所以，要根据自己的产品特色来选择对应的主播，并仔细核算成本，事前签订对双方都公平的合约才是重要的。

可以看出，直播带货的模式可以提升效率、降低成本，而且对中间商、卖家、买家都有利。

有了商业模式证明，但能否做起来还要看用户需求。用户为什么要通过直播带货买东西而不是自己直接去电商平台搜索购买呢？原因主要有以下几点：

1. 可有效降低决策成本

以口红为例，市面上各种品牌的口红众多，挑选起来费时费力，有李佳琦这样的口红专家帮忙筛选，可以大幅降低顾客的决策成本。消费者完全没有必要劳心费力费钱地一款款去了解和尝试，只需要从几十款李佳琦推荐的爆款里选适合自己的就可以了。

2. 可以有效降低购买成本

再以口红为例，如果用户有了自己心仪的口红，电商平台一般卖230元，而李佳琦直播间可以做到199元，那消费者就可以节省31元。

3. 品质有较大保障

传统电商平台虽然尝试过用很多种手段来建立买家和卖家之间的信任，比如7天无理由退货等，但往往效果不佳。在传统电商平台上买个稍微贵点的东西，都要慎重思考良久，不但要看评论，找测评，还要找着客服详询细问，但最后依然有可能上当受骗。在电商平台上，货品爆雷，商家跑路成本是极低的。而李佳琦这样的头部网红，作为公众人物，非常看重自己的口碑，不会主动因为一时的利益贩卖假货，而且李佳琦背后会有庞大的团队把控供应链和商品的品质，这对势单力孤的单个消费者来说，品质的保障会更强一些。

4. 容易建立信任

类似于李佳琦这样的网红，在其专业领域内往往是资深的专家，通过讲解商品专业知识和使用体验，可以很容易与用户真正建立信任。这比冷冰冰的电商的商品详情页介绍要更加可信。

说完电商直播的优势之后，那想做直播的新人又该如何做呢？像李佳琦、薇娅这样的头部主播，曾经也只是平凡的人，他们也是在默默耕耘了多年后才有今天的成就。

1. 平台选择

开始做直播之前，选择平台很重要。从目前来看，只要平台选择得好，完全可以达到事半功倍的效果，选择一个适合自己的平台在整体的直播带货中占据起码一半的重要性。现在是流量为王的时代，任何人、任何生意都在抢流量。目前主流直播带货平台可以选择淘宝、快手、抖音等三大平台。

2. 人设定位

直播初期，人设鲜明的主播往往更容易从一堆主播中脱颖而出。或者风趣幽默，或者才华横溢，可以说，一个鲜明的人设能在初期就给用户留下深刻的印象，也更容易涨粉和留粉。

而适当的人设定位，要根据自己的兴趣喜好和擅长来选择。如果是推荐衣服，你一定要先了解清楚衣服的各种搭配，什么样的肤色或妆容配什么样的衣服会比较好。如果是推荐护肤品，你就不能对皮肤结构、肤质分类一无所知，不然开播的时候专业度不够，不但人设难以立起来，反而会容易流失粉丝。

3. 培养语言表达能力

相对于短视频来说，实时互动的直播对于很多人来说难度不小，短视频没录好大不了再来一遍，而直播的话可没有再来一次的机会。在这里，尤其要注意直播时的聊天话术和技巧。刚开直播的主播害羞是不可避免的，毕竟不是所有人天生就是演员。要克服害羞的情绪就需要平时多加训练了。你可以没事的时候对着镜子多说话，通过观察自己的表现来一点一点纠正自己的表情和话语，慢慢锻炼自己面对镜头的能力。前期可以通过念稿来尝试，熟悉后再进行脱稿表演，等你的直播进行得比较多了后，也会自然而然地形成自己的直播特色和话术。

4. 直播设备的准备

不同直播平台对应的设备不同，对设备的要求也不一样。淘宝直播可以用手机或者电脑，但大部分专业主播都会选择用电脑，因为在处理较为繁杂的局面的情况下，电脑更方便一些。而快手和抖音还是以手机为主，主播应该尽量选择配置高，摄像清晰的手机。除了手机设备，另一个比较重要的设备就是灯光，直播对直播间灯光要求比较高。室内灯光布置，选择一个比较大的顶光很重要，然后需要有一个环形灯来提高整体亮度。

直播+淘宝、抖音直播+商品橱窗、快手直播+快手小店，这三大平台在直播+电商方面的尝试都初见成效，相信直播带货会回到做生意的本质，重新进行"人""货""场"的排列组合，又将会迎来电商的又一个小高潮。

新手主播做好自身的定位就好比选择了一条正确的发展道路，只要坚持走下去，终有一天会看见光明。

第三节　直播带货的引流 》》》

要进行直播带货，选好了货品，准备了直播间，还需要什么呢？自然就是引流了。

一般来说，新手主播是不可能在一开始就有比较大的关注度的（明星除外），作为一个普通人，有什么办法在直播初期获得流量呢？

一、根据目标客户群体来进行预热引流

进行预热引流不能盲目，你可以根据产品的消费主体制定详细的推广方案。比如，男性喜欢追求手表、游戏设备等产品，而女性喜欢追求化妆、护肤、服装等产品。因此，要根据明确的消费主体进行广告预热，吸引更多相关主体的关注，实现引流。

二、利用短视频进行引流

像抖音、快手等以短视频出名，当然短视频引流方法是必不可少的。具体选择哪个平台还要看你的自身定位。从引流角度来说，无论哪个平台，原创的内容对流量都是有一定的优势的。因此，可以根据产品的特点，原创自己的短视频内容，吸引用户的注意力，实现好的引流效果。

三、利用客户的喜好来进行引流

可以利用客户的特殊喜好将广告穿插在直播过程中，让她们在观看直播的同时，潜移默化地受到广告的影响，接受广告，从而引导消费。

四、利用评论区来引流

任何平台评论区都是一个关键阵地，所有的购物用户都可以在评论区发表评论，所以，可以在直播的评论区留言，表达自己的观点，这个观点必须言之有物，这有利于建立你专业的形象。通过这样的评论吸引其他用户的注意，最好能让他们也一起参加评论。在这个过程中，你还可以留下自己的联系方式，让对你感兴趣的用户知道你，从而为自己的直播间引流。

五、利用独特内容来引流

利用短视频平台发布原创内容，有助于在一段时间内积累尽量多的精准粉丝（2万以上）。注意短视频账应该维持垂直定位，即视频内容应该与后期带货相呼应，这样持续发布三个月以上，就可以尝试进行直播带货。只要一开始能维持50~100人的观看人数，即可开始直播带货。

六、利用微信进行引流

其手法和微商初期有一定类似，利用微信朋友圈的相关功能，发布产品，能吸引一部分客户，再在微信号上标明直播地址，也是一种引流的方案。该方案因为环节较多，比较容易在中间环节流失客户，但好处在于，通过此引流渠道进入的客户容易积存和沉淀下来。而且直播和微信营销可以彼此互动，在直播过程中，可以在界面上展示自己的微信名或者微信二维码，让客户可以通过微信更详尽地和你进行沟通，有利于货品的后期销售以及增加直播的流量。

七、向大主播借流量

当前直播带货，头部网红主播是一个可以借助的力量。因此，你可以利用他们的直播向这些头部网红主播借流量，利用他们的人气出售产品，提高销售额，实现引流。

以上七大引流方式就是新手主播性价比最高的几条引流方式了。对于零基础的新手主播，要想开展带货直播的话，还是需要扎扎实实地从基础开始，引流只是途径，而不是直播带货唯一的要点。在这里，我们可以总结目前直播带货较为出色的头部主播们的具体情况，分析他们成功的要素在哪里。

1. 从主播日常发布视频的内容类型看：时尚、穿搭类账号占比例最高，其次是剧情、搞笑和生活记录类内容，也有较高的占比。

2. 从主播的增粉情况看：目前八成以上的带货账号处于粉丝稳定增加状态，TOP100账号30日平均增粉量达到近40万，当然也有部分主播因为开启直播卖货或者内容更新频率低，被粉丝取关；整体来看，抖音现在仍处于流量红利期，主播依然有进场的机会。

3. 从发布频次看：销售额 TOP100 主播，日发布视频在 1 部以上的占比为 82%，其中更有 6% 的账号日发布视频在 10 部以上；43% 的账号处于天天开播的状态，开播频次逐渐趋于稳定。可见，粉丝黏性和主播的勤奋努力是分不开的。

4. 从 TOP100 主播的销量和销售额来看：一月内带货量在 10 万元以上的主播占比约为 30%，一月内累计带货销售额破 1000 万元的账号占比同样大约为 30%。一月内，TOP100 主播人均带货销售额约为 1400 万。

从他们的做法来看，头部主播们在每次直播前会预先模拟粉丝会提到的问题。他们会写好互动话术，并在直播过程中引导粉丝互动评论，激活粉丝，设置点赞频率，营造直播间热度，增加直播间排名，快速上热门，获得更多的官方流量，设置前往购买频率，引导粉丝抢购下单，这也许就是每月销售上千万的奥秘之所在了。

5. 从销售商品的均价来看：超过一半的主播销售商品的单价均价在 50~100 元这个区间，其次是 100~200 元的区间。从带货的品类来看，以美妆产品和个人护肤品占比最高，其次是服饰、食品和饮料。其实这一系列现象也同样符合微博带货、微商和淘宝发展的一般规律，证明任何营销手段在初期都会产生类似的红利现象。而在此之后，用户购买商品的价格和总量都会因为信任程度的不断增加而持续走高。

6. 从参与直播购买货品的客户来看：直播间里活跃的买家中，女性占比达到大约七成，而她们的年龄区间在 18~30 岁。其地域多集中于南方沿海省市，其中广东和江苏用户最爱在直播间里购物。

了解了以上信息，我们对于新手主播的直播带货也许就有了一个较为明晰的定位。直播带货不是一件一蹴而就的事情，必须通过科学的办法打造主播和直播间。这其中，勤能补拙，坚持不懈也是主播所必须要具备的素质。

第四节　宣传方式的选择决定热度 》》

　　新手要进行直播带货首先要明确直播的目的。一般来说，直播带货在前期只是为了积累和增加粉丝，后期直播带货以变现。直播目的不同，过程和方法都是不一样的。但是也不是说必须严格按照这个方法区分，不同的目的其实也是可以并存的。

　　作为一个新手主播，首先定位要明晰：我当前的目的是什么？是增加粉丝还是为了变现？如果是选择前者说明主播是务实的，如果是后者也不能说主播是好高骛远，只能说难度较大。所以，要在直播中反复明确自己直播的目的。普通的商家呢，太过于依赖某单一渠道的帮助，而不是反过来结合各个渠道，综合增加自己品牌的曝光度和流量。就像同样是上活动，成熟的品牌方思考的是如何增加付费渠道，引入更多的流量，而很多中小卖家上活动仅仅是为了节约推广费。

　　一般来说，平均20至30分钟用来讲解和表演演示，再用5至10分钟来重复自己直播的目的。节奏的把控很重要，这也是专业主播和业余主播最大的区别。

　　如何做好前期宣传？

　　怎么样让更多人知道我将要直播？怎么让老客户准点进入我的直播间？相信这是很多主播在直播带货过程中遇到的最大的难题。随着使用直播的商户越来越多，直播的推广和直播间流量获取成为一大难题。那么直播带货活动宣传怎么做？

　　1. 展示宣传

　　我们以抖音的直播平台为例。在抖音，想要推广自己的直播间，首先要利用一切曝光信息的位置，去添加直播信息。最简单的就是在直播抖音号个人昵称与个性签名处简单添加开播时间的预告，让观众和粉丝只要一打开你的个人主页，就能看到相关直播信息。

2. 文案推广

在众多直播带货活动宣传方式中，文字的魅力也是不容小觑的。如果你的推广文案写得好，也可以有效利用软文进行直播活动宣传。在文案的编写中，你也应该别出心裁，尽量以文字激发粉丝的兴趣，直接搔到痒处。同时，你还可以撰写热门的原创文章，选择覆盖人群广的网站发布，在内容上附上直播的网址和链接，让用户能更精准找到你的直播地址，准时观看。

3. 视频宣传

开直播的前 1~3 小时发一个短视频，当别人刷到你的短视频时，可以在视频右侧你的头像上看到开播标识。短视频的内容可以是预告直播内容，也可以是展现某款产品，这样对内容、产品感兴趣的用户就会通过头像点击直播间观看。

4. 社交平台宣传

在开播前一周左右可以在其他社交平台上提前进行直播的宣传预告。常见的宣传预热方式有以下几种：

创建直播相关的账号，微淘、微博、微信等内容的发布及更新，提前做好海报、文案等。例如：李佳琦在直播前，会在微博上对直播时间、直播产品、直播平台等信息进行宣传预告，对产品感兴趣的用户，会直接记住这个时间，然后准时进入平台观看他的直播。

根据直播的目的进行海报软文的设计，并且多渠道去宣传。我们不是说等直播开了坐等流量进来，而是需要主动出击，广而告之。主播主动出击进行宣传预热往往效果都是不错的，很多坐等客户上门的商家流量不够，也往往是因为不如主播积极主动。

那么对于商家来说，在直播前三天就可以预热建群了，可以在群里通过发送红包或其他福利的方式热群，吸引大家去准时观看直播。也可以通过朋友圈或者公众号等各种渠道去做宣传，尽可能让更多的人知道。

第五节　直播带货氛围组的闪亮登场 》》》

直播带货，是一种成功结合线上线下的新营销手段，尤其是在线直播同线下物流相结合，成功打造了一个流量闭环，直播带货能缩短订单交易的途径。实体店开启直播后，导购员变成了直播间的主播，成为带货员，线上直播与线下销售的融合性越来越强。直播带货的红利，被越来越多的人所关注，也有越来越多的人陆续加入直播大军中，渐渐地变成了"万物皆可直播"。各行各业都可以通过开启直播带货，来增强在行业内的竞争力，同时带来更多的订单和利润。

但无论是品牌还是个人，在直播带货初期，都存在着起步困难的问题。要带货直播首先要知道该如何运营直播间，而直播间的气氛是需要调节的，主播在进行直播时经常会忽略这一点，容易遭遇冷场的尴尬情况，这时候有个暖场技巧来缓和我们直播间的氛围就显得非常重要了。下面给大家介绍几个小技巧，使你的直播更加生动有趣。

一、好的硬件设施是营造氛围的基础

直播间的视觉重点是清晰度、光线、布景和画面比例，听觉上的重点是清晰度和音量大小，这些方面决定着整个直播间的质感。在实际开播之前，建议大家多调试设备，尽量做到最好，如果不太会，可以多参考其他高质量直播间，比如那些头部大网红们的直播间。

二、礼貌问候

主播在直播过程中应该动作、表情丰富，当粉丝进入的直播间时，我们可以语气热情一点，笑容真诚一点。假如粉丝进来时看到我们主播脸上一副冷冷淡淡、爱来不来的模样，给人的第一印象就不好，注定难以长时

间留存。所以我们在粉丝进来时应当热情一点，也许他就会留下来使你们的关系进一步。而说话的时候要注意言辞的礼貌和温和，虽然也有些主播会以特有的语言艺术作为卖点，但那都是成名已久的大主播，作为一个新人还是要注意言辞上的礼貌，毕竟面对初次接触的客户，礼多人不怪。

三、不要冷场

直播带货虽然带货是重点，但一味干巴巴地卖货也是很枯燥的，卖货之外又没话说怎么办？我们可以聊一聊最新热点，或你喜欢、擅长的事情，例如，你自己的故事。通过和粉丝聊天，也可以拉近你与粉丝的距离。要和粉丝有问有答，倘若粉丝提问，你不搭理，粉丝就会感到莫名地被无视，重视互动也是非常关键的。

四、区别对待

不是所有人都喜欢被叫"亲爱的"，每个人对此的接受程度不同，因此我们可以将他们区别对待。你可以加入自创独特的元素、昵称，针对不同的粉丝，在慢慢熟悉的过程中可以了解一下他们的喜好。这样，我们主播才能拉近与粉丝的距离。

五、音乐

直播间少不了音乐，音乐看似不起眼但是有着很重要的作用，也是经常容易被大家所忽略的。好的音乐能让客户在你的直播间多停留更长时间。因为来到直播间的粉丝年龄层次不同，所以我们要根据粉丝的情况来决定播放老歌金曲还是当下年轻人喜欢的流行歌曲。

直播间的氛围决定你的粉丝热度，只要你直播间热闹就会吸引更多的人进直播间并且留下来。我们要根据他们的喜好来进行直播，使他们活跃起来。

在直播带货的过程中，要保持良好的氛围，还要注意以下几个问题：

1. 开门见山不可取

直播带货有一个最致命的错误，却是大多数人都会犯的错误。这个错误是直播带货时开门见山，没有铺垫。如此简单粗暴的带货方式，可能给商家带来更高的转化率。但是，开门见山地做带货，很容易引起大部分用户的反感。

这种带货方式是不合理的，应该分为几个环节，先是主播自我介绍，然后进行活动预热、活动宣传，再自然而然地进入带货环节。

前面所做的工作，都是为了给带货做铺垫，让用户更容易接受带货环节，同时也能形成更多的订单交易。

2. 跟弹幕互动很关键

如果要问直播间人气低迷的原因是什么，其实答案有两个：要么是直播间观众少，要么是直播间观众不愿意参与互动。对于直播观众少，只能引流以及通过时间慢慢积累观众，这里就不细说了。对于第二个原因，其实也比较容易解决，主播可以积极跟弹幕互动，活跃直播间的气氛。

具体做法也很简单，开启直播时，每当新用户进入直播间，都会发出相应的弹幕提示，主播可以随即对新进入直播间的用户表示欢迎，新用户更容易在直播间中找到归属感。

主播跟用户的积极互动能大大活跃直播间的气氛，也便于主播跟用户建立社交关系，缩短用户的下单决策环节。如果使用社群直播分销系统来搭建小程序直播，就可以实现以上的弹幕提示功能，主播更容易活跃气氛，给直播间创造更多的订单成交量和订单收益。

3. 主动调动气氛，引导粉丝关注

作为主播，肯定需要自己调动直播间的气氛。主播在直播过程中，可以让用户积极发弹幕，参与互动，并且有机会赢得弹幕红包大奖。

主播人气的高低，在于粉丝的数量，理论上只要粉丝量巨大，开播人气就会特别高。因此，主播在直播过程中，还需要引导没有关注直播间的用户关注直播间，为下次开播带来更多的人气。

同时，还可以开启各种营销活动，加速用户的下单决策，形成更多的订单交易。

社群直播分销系统配备了多种营销功能，包括市场上热门的秒杀、拼团、抽奖、盲盒、优惠券等功能。主播在开启直播时，可以通过开启系统的营销功能，活跃直播间的气氛，同时也能提高用户的购物欲望，完成更多的订单转化，为主播带来更多的订单收益。

第六节　直播带货的几大陷阱 》》》

直播带货在刺激消费的同时，也暗藏不少销售陷阱，无论作为主播、厂商还是消费者都要擦亮眼睛注意这些陷阱。主播一次带货翻车就有可能人气、口碑暴跌，厂家一款产品的爆雷就有可能导致品牌价值大跌，而消费者作为最无辜的环节，不但损失了金钱，也经历了不好的购物体验。可以说，这些陷阱的存在是直播带货中不可忽视的问题，也是需要注意避免的问题。

所以，我们必须对于直播带货中的各类陷阱有充分的认知，才能尽量避免受到这些陷阱的危害。

一、主播陷阱有几多？

直播带货和一般电商销售不同的是，直播的即时性和强互动性完全刺激了人类最本能的消费欲望，"冲动消费"在每个直播间里被展现得淋漓尽致。常见的主播陷阱有销售假货、恶意刷单、虚假折扣以及售后空洞四种。

1. 销售假货

在直播带货行业中，主播的个人特色和魅力发挥了不可估量的重要作用。展现在消费者面前的不再是传统电商那种冷冰冰的商品，而是一个个魅力四射、舌灿莲花的主播。他们凭借个人魅力，与消费者建立起类似偶像与粉丝的信任关系，以粉丝的信任和喜爱为基础，轻而易举地实现卖货变现。

而直播间却并非线下实体店，既没有工商登记也不存在质量检验，光凭主播一张嘴，并不能保证产品的质量，直播售假早已屡见不鲜。卖不卖假货全靠主播的个人操守或者主播团队的管理控制，漏洞极多。据央视财经报道，曾有主播号称"赌石专家"，在直播间布景伪装成玉石毛料市场，并线上售卖，被警方当场抓获。可见直播带货中的假货问题何其猖獗。

2. 恶意刷单

恶意刷单更是直播带货中一直存在的顽疾。商家利用消费者以主播、直播间人气、销售量、点赞数等为标准评判商品质量获得购买安全感的心理，外包机构刷单，购买粉丝，不仅制造销售假象，也制造主播和直播间的人气假象，甚至以限量促销、销售倒计时的方式诱骗消费者冲动下单。

3. 虚假折扣

虚假折扣常发生在购物节。商家在节前先进行一波涨价再紧跟着一波降价，成功制造虚假折扣。但这种方式也容易被识破，有固定消费者的商家现在已基本不会采用虚假折扣来刺激消费。

4. 售后空洞

一些主播甚至是明星艺人只顾线上直播促进销售，但是对商品下单后的物流、瑕疵等售后问题却不闻不问，导致消费者发现问题之后求告无门。

二、买到假货谁负责?

直播中的假货问题似乎防不胜防，如果真让我们遇上假货问题，该怎么处理?

1. 销售者

一旦发现被骗，首先可以联系要求其赔偿的就是商品的销售者，也就是卖家。

首先，消费者可以以产品质量问题为由，向经营者主张赔偿。我国《侵权责任法》专设"产品责任"一章，严格规定商品生产者和销售者的法律责任。消费者也可以以买卖合同关系为基础，要求销售者提供符合合同约定的商品。

其次，消费者可以以虚假广告为由，向销售者提出赔偿。直播推广作为宣传新形态，实际是一种变相的广告行为。如今市面上常见两类主播，一类是为他人的产品进行直播推广，一类是为自己销售的产品进行直播推广。这类为自营产品进行推广的主播，不仅是广告的发布者，也同时是广告主。根据我国2021年修订的《广告法》，广告不得含有虚假或者引人误解的内容，不得欺骗、误导消费者，否则使消费者合法权益受损的，由广告主依法承担民事责任、行政责任，严重的可追究刑事责任。

2. 带货主播

前述类型中纯粹接受推广业务的主播，他们不是产品的经营者，并非广告主。但即便如此，这类主播也依然会为直播售假而承担法律责任。

2021年修订的《广告法》第56条规定，明知或者应知广告虚假，仍然发布或者作推荐、证明的，应当与广告主承担连带责任。除此之外，和销售者一样，发布虚假广告还可能面临监管部门作出的处广告费三倍至十倍的罚款，无法计算广告费用的甚至可能被处二百万元以下罚款，严重的可以追究刑事责任。

3. 网络平台

带货主播通常活跃在淘宝、京东，甚至是抖音、快手一类的网络平台，作为网红主播的滋养地，网络平台应当尽到应有的监管义务。

我国《电子商务法》明确了"红旗原则"与"避风港原则"，要求电商平台经营者在知道或者应当知道又或者在接到知识产权权利人的侵权通知后，及时采取删除、屏蔽、断开链接、终止交易和服务等必要措施，否则应当与平台内经营者承担连带责任。

三、主播有冤如何诉？

直播这种强即时性的广告销售方式，不仅容易让消费者坠入陷阱，主播往往也会一失足成千古恨。李佳琦直播"翻车"后，不粘锅品牌方立即回应：产品质量没有问题，是李佳琦不会使用，把责任推到了李佳琦头上。

如果因为此事，有买了这个锅的消费者因为质量问题，以虚假广告为由起诉李佳琦，作为带货主播的李佳琦是不是只能认命呢？

根据我国《广告法》第2条规定，李佳琦作为带货主播，不仅接受委托，将直播间作为发布广告的平台推广商品，并且以自己的名义或形象对商品作推荐、证明，因此能被认定为广告发布者、广告代言人。

而根据《广告法》第56条规定，发布虚假广告，欺骗、误导消费者，使消费者受损的，应由广告主承担民事责任。但是，广告发布者不能提供广告主有效联系方式等信息的，消费者可要求其先行赔偿。如果广告发布者或者代言人对该虚假广告知情或者应当知情，则不再是先行赔偿，而是需要跟广告主承担连带赔偿责任。

可见，如果主播被起诉，还是可以向广告主追偿的。不过最为保险的，还是在带货之前做好商家信息调研、产品质量调研，并且与商家签订合作协议，约定一旦因产品质量问题导致主播被起诉或遭受损失的，均由品牌方承担责任。

直播带货不仅对消费者来说处处存在陷阱，对于带货主播也是稍有不慎就可能身败名裂的深渊。

一系列事件给我们敲响的警钟是，这场直播盛宴的参与方应更加谨慎，严格遵守各自的法律义务，诚实交易。网红主播组建高效且尽职的选品团队，或许可为自己避免大量法律纠纷，而对于作为消费者的粉丝，只有随时保持清醒才是"防坑"常态。

第四章

带货直播的内涵设计

第一节　直播不是即兴表演 》》》

直播虽然是现场直接表演的形式，但无论任何行业，在进行正式的表现之前，都少不了预先的练习与准备。

直播带货，是不是有"货"、有"人"就能做直播？当然不是！

我们只有选择适合自己的带货平台、产品，做好直播流程策划，直播间背景布置等，才能从整体上提升直播质量，获得好的收益。

所以，在直播带货前，我们需要做好很多的准备工作。

一、选择合适的直播带货平台

直播带货平台有很多，但不是每一个平台都适合我们做直播，不同的直播带货平台适合不同性质的主播带货。

以三大头部直播带货平台——抖音、快手、淘宝为例。

在抖音平台，19~24 的男性、41~45 岁的男性与 19~30 岁的女性用户群体占比较大，所以对于时尚、美食、美妆类主播来说，非常适合选择抖音平台做直播带货。

而在快手，电商发展模式更是先于抖音，且模式种类多，带货类型非常灵活，粉丝群体以三四五线的小城市客户居多，适合靠近产业带的人或者有实体店的店家进行直播带货。

而在淘宝，有 6 亿的月活量，粉丝基数大，有淘宝电商平台为基础，用户的购物目的非常明确。如果你有自己的淘宝店铺或者有淘宝运营的经验，就很适合在淘宝平台做直播。

二、准备直播主题

直播主题：你想要做什么？要给用户呈现什么？他们会不会喜欢你的

主题？简单来说，就是定选题。选定了直播主题也就确定了直播的核心。那我们怎么确定直播主题呢？其实可以根据产品的定位来确定。

比如说是卖服装的，那么直播的主题就是"×季时尚穿搭""×季显瘦穿搭"等等。而若卖农产品，那么直播的主题就应该向"绿色、健康、无污染"等核心靠拢。直播主题是给粉丝进入你直播间的一个理由，因此直播主题要简单明了，抓住有对应需要的用户的心理。

粉丝进入直播间，基本有三大原因：看货、买低价好货和娱乐社交。对比传统电商平台，直播卖货的一个优势是：既可以让消费者购买到优惠的产品，也有机会知道产品了解产品。这一点就需要在直播主题上面直接体现出来。

三、选定直播带货产品

前面我们说到可以根据带货产品来确定直播主题。如果你的产品类型比较统一，比如单独的美妆护肤等，那么就可以以"绿色""护肤"等为核心内容确定主题。但如果产品分类较为复杂，我们就可以从中选取最有吸引力的产品线确定直播主题。因此，在确定直播主题时，我们可以先选定直播带货产品。

产品种类丰富时，我们可以根据下面三个分类来划分产品性质：福利产品、爆款产品以及高利润产品。

福利产品：特点是价格极低，这一类产品属于非主流，主要目的用于活跃气氛，可用于引流和抽奖。设置了这些福利产品能有效活跃直播间气氛，提升直播间用户互动的积极性。

爆款产品：爆款产品也是你直播带货的主要产品，特点是性价比高，货量大，辐射范围大，能满足大部分用户需求，主要用来促进直播间的整体销量。

高利润产品：这类产品对于主播个人来说会产生相对较高的收入，这个可以在直播过程中穿插推荐，在满足爆款的销量的前提下，进行推荐，以提高直播间的利润收益。

对于根据以上三个分类划分的系列产品，我们需要准备不同的直播话术、产品推广方式。

比如，在介绍福利产品环节，我们的重心要放在和观众的互动上，通过抽奖送福利的方式，让用户产生"参与感"，调动用户的积极性，建立信任感，方便后续转化。而在介绍爆款产品时，应该着重注意与同款产品的比较，突出产品性价比高的特色，吸引大部分用户的目光，打造爆款销量。而对高利润产品，则要突出其产品优点，和其他产品拉开差距，显示出一定的优越性。

五、定直播时间

直播时间的选定说简单而又不简单。简单在于，只要在有信号的地方，我们随时随地都能直播，不简单的地方在于，我们要挑选最合适的直播时间，获取更多的流量。

一般来说，新手主播应该尽量避开和大主播同一时间段直播，不要硬去和头部主播抢流量。

另一方面，要将直播时间规律化，每天或者每周固定的时间准时开播，让用户养成定点看直播的习惯。

六、注意直播封面和标题

好的直播封面和标题能够快速吸引更多用户点击进入直播间。

直播前设计直播的封面和标题，需要注意这些问题：直播封面要清晰明确，主题突出，不能使用留白区域，尽量选择真人使用的产品合照。在直播营销的大潮中，传播广泛的直播少不了一个令人瞩目的优秀主题。主题决定了用户是否有兴趣进直播间观看，因此主题策划是一个非常有意思且重要的环节。选对了主题，才能真正"撩动"用户的心。

标题文案建议直接表明直播的最具特色的亮点价值，标题不能太长，建议总体字数控制在12个字以内。明确当天直播目的和活动特点，规避极限词。

直播间标题技巧一：简短、包含关键词

把直播主题的关键词写在直播间标题的最前面，让人一眼就关注到。比如卖衣服，可以重点写衣服的风格，类似洛丽塔、御姐范等。

同时直播间标题不宜过长，因为太长的直播标题不能全部显示在页面，也无法突出重点。面向大众的直播间标题不能拗口生僻，标题字数在8~12字。

同时注意不要出现禁忌词汇，直播间标题不宜出现与打折、不实宣传有关的词汇，比如秒杀、清仓、甩卖、万能、销量冠军、独一无二等宣传信息。

如果店铺真的有活动，那你可以换一个表达，比如可以说"进来有惊喜"等。

直播间标题技巧二：贴合用户需求

在业界有一句经典的话叫作"顾客就是上帝"，在直播行业用户粉丝们同样也是主播们的"上帝"，因为只有他们的存在，直播才有意义。没有人气的直播间是根本无法经营并维持下去的。因此，直播的主题策划应以用户为主，从用户角度出发。

一场好的带货直播，它必须是从粉丝需求出发的。这就要求你要清楚自己直播间粉丝的具体情况，包括粉丝年龄、性别、职业、消费水平等，进而确定其需求。

比如你的粉丝需求是微胖女性显瘦穿搭，那你的直播间标题就要围绕这一需求写，比如："胖妹妹显高显瘦夏季新品""微胖美女春季显瘦穿搭""炸街美衣，稳占 C 位""想瘦的女生一定要这样穿"，"大码女装显瘦遮肉穿搭"等。

直播间标题技巧三：捕捉实时热点

在互联网发展无比迅速的时代，实时的热点就代表了流量，因此，及时抓住时代热点是做营销的不二选择。如果抓不住热点或者抓得不及时，那么你的直播很可能会过时，没人看。大部分的事物，尤其是热点，网友第一次看到，会觉得新鲜有趣，第二次看也许觉得还可以，但第三次甚至更多次之后就极有可能产生疲劳情绪。因此，对于市场热点的把握非常重要，企业或个人应该尽量多关注实时热点，并在尽可能短的时间内作出反应，抢占先机。

但是在蹭热点的同时，我们一定要保持理智，不是任何热点都能轻易蹭的，比如涉及法律、法规、道德伦理、国家政治、民族利益等内容的热点尽量不要去触碰。热点是一把双刃剑，用得好，短时间能给你带来巨大流量；用不好，也能让一个主播、一个品牌瞬间灰飞烟灭。

直播间标题技巧四：激起用户好奇心

任何人都是有好奇心的，主播在做直播间标题策划时，如果能从好奇心着手，给粉丝来一点刺激的新鲜感，相信效果会非常不错，但前提是不能触碰社会道德底线。例如"又胖又丑的主播逆袭之路"，这种类型的标题会传递一种莫名的兴奋感，大家只要看到这个标题就会自己揣测：她会用什么样的办法来逆袭呢？只要疑问产生了，就算吸引到他们的注意了，战略也就成功了。会有相当比例的用户因为好奇心的促动点进来看看。

另外，做标题要善于运用引爆词，让标题"带感"，吸引读者点击。比如"逆袭""暴富""至暗时刻"，这类词能够迅速调动人的情绪，让人难以无视，吸引人进来观看。

在平时，要多注意观察其他成功直播间的标题写法，注意引爆词的自我积累，这样在拟定标题的时候多应用，你的点击量便会大大提升。

最后，就是要注意标题和直播内容的真实匹配度。如果你以比较引人的词汇吸引了别人的目光，但别人发现你的直播内容与标题完全没有任何关联的话，那么不但不会留住用户，反而会给自己贴上"骗子""标题党"的标签，那样不仅达不到直播的目标，甚至有可能起到反效果。所以，就算要用引爆词也不能挂羊头卖狗肉，还是应该从直播间的实际内容来出发。

直播间标题对直播成功影响巨大，同样的内容，换一个标题，流量可能会相差十倍，所以一定要重视直播间标题的应用哦！

七、策划直播脚本

直播脚本策划指的是直播流程策划，提前安排好直播要走的每一步流程。包括：时间、地点、商品数量、直播主题、主播、预告文案、场控、直播进程（分时间段安排）等几个要素。

确定好这些内容，然后制作相应的表格，根据我们的计划按各个环节的要求进行填充，就可以完成一份直播脚本策划方案。

参考策划思路：

1. 开播应该怎么暖场？

打招呼、介绍自己、欢迎粉丝到来，今日直播主题介绍。

2. 如何引入话题？

根据热点或者直播主题，又或者产品日常需求、痛点引入话题，介绍产品。

3. 怎么介绍产品不让用户反感？

重点分享产品功效、价格以及优惠，让用户快速获取信息。

4. 怎么和粉丝互动？

用福利留住用户，通过游戏、聊天等方式和观众互动，穿插回答用户的各种问题。

直播带货前做好这些准备工作，能极大地提高直播带货质量，减少直播失误，有效地提升直播间转化。

第二节　直播的主题该如何结合热点？ >>>

前面我们提到了直播带货引流很重要，而引流中和热点相结合更是一个取巧的捷径。所以我们必须学会利用热点做直播。

在飞速发展的网络时代，热点就意味着大量的关注和流量，所以在这个时代做营销，尤其是直播营销，需要及时发现时代热点并以此展开直播。

1. 关注热点

主播在策划直播内容时，必须要时刻关注市场的发展和变化趋势，尤其要关注市场的热点。比如此前《王者荣耀》、"吃鸡"等游戏最火热的时候，很多主播抓住这一波红利，凭借自己的直播技巧，顺势而为成为其中的"一哥""一姐"。

热点的特点是关注度高，吸引的眼球足够多。如果率先抢占这个热点，那么在信息差的影响之下，就会比别的主播领先获得这波热点的红利。抓住热点做直播，不仅很容易吸粉，主播的品牌也能够通过热点的传播进行最大范围的扩散。

2. 预判热点风向，果断出击

市场热点往往具有两大特色：一是爆出时间快，二是消逝时间也快。所以，抓热点人人都知道，但却不是人人都能抓得住的，想要及时抓住热点，反应力和执行力都必须极为强大。有完整团队的大主播团体在这方面具有无可比拟的先天优势，而新手主播一般来说都事事亲力亲为，而要想及时抓住一个稍纵即逝的热点可谓困难重重。

这就要求我们的新主播应该有一定的预判能力，当主播判断了一个热点在市场中的影响力时，就应该果断跟住这个热点风向，主动并快速出击。这时，主播一定不能偏离热点营销的基本主题，要在自身特点的基础上加入热点元素，这样就能完美融合市场，做出抵达更多粉丝的直播。

在新的热点和新的领域开拓，往往是最好的机会，平台会热捧主播，厂商也会寻找适合自己产品的推广代言人。就连头部主播在遇上大的热点的时候都会迎合热点来获取更多的曝光。

总结就是，将热点作为直播主题的策划方向，主播作为走在时代前沿的群体，要时刻关注直播的大环境和趋势。

3. 利用噱头打造直播话题

从直播营销的本质上讲，话题性是信息传播的保障，也是一种高明的营销手段。拥有一个好的话题可以让直播营销事半功倍。因此，如何制造一个好的话题就成为直播营销的根本要点之一。

而在话题的制造过程中，"噱头"一直以来都是被人们称为"必需的佐料"。制造噱头也可以成为直播主题的选择之一。

（1）引用关键热词做噱头

在策划直播主题时，主播要学会利用关键词汇来做噱头，因为热点词汇往往是最能吸引人们眼球的。在互联网时代，网上的热点词汇和事件往往能够带动用户的传播和分享。

比如，2016 年的巴西里约奥运会期间，傅园慧的经典"洪荒之力"，经过她风趣幽默的表达，再次带动了这个词汇的传播，成为风靡一时的热词。这个词汇逐渐被人提及始于之前的直播网剧《花千骨》，本身就在人群中有不小的影响力，再加上傅园慧的重新演绎，一时之间几乎人人都身具"洪荒之力"。

一般来说，主播要想扩大影响力，提高知名度，就需要在直播主题中植入自己的个性标签，让粉丝通过这个核心标签就能感受到主播的直播内涵，还可以借助一些名人、热门事件来帮助自己发酵引流。

（2）抛出爆炸性新闻做噱头

比如，在直播中抛出一些重磅信息或爆炸性新闻，用这些噱头打开用户的好奇心，吸引粉丝点击观看。

当然，这种爆炸性新闻不一定是真正的爆炸性新闻，而是在直播题目、主题、话题上打造一个有看点的新闻，让粉丝因此走入直播间。而在真正直播中尽量给大家带来一些有用的干货。

第三节　直播标题的讲究 >>>

在直播营销的大潮中，传播广泛的直播少不了一个令人瞩目的优秀标题。标题决定了用户是否有兴趣进直播间观看，因此标题策划是一个非常有意思且重要的环节。选对了标题，才能真正"撩动"用户的心。

如果你正在做或者准备做直播，你的直播间能获得多少流量，一定是你最关心的问题。直播间的流量逻辑和单品很像，流量＝展现×点击率。展现取决于权重，有了展现，点击率基本就靠 2 个维度了，一个是直播间首图，另一个就是直播间标题。

首先你要知道，直播标题跟搜索是没有关系的，搜索标题讲究的是 SEO 和标题能覆盖多少关键词，以及能优化多少关键词的权重。

而直播标题只看是否吸引人，直播间的算法匹配靠的全是标签，所以标题根本不重要，那么直播间的标签是哪来的，是不是从标题里抓取的呢？

直播间的标签，大部分是在发布直播的时候，自己选的标签，另一个是店铺本身的人群标签，还有就是店铺上架的产品，因为直播前上架的产品的标签，会精确匹配到人群。

我们来看一下哪些内容是不能写的，在规则上不要放描述利益的信息，比如秒杀、清仓、工厂、批发、倒闭这类的词语，都不能写在标题里，但可以写在直播间的简介里。

在写标题的时候，要学会击中粉丝的工作或者生活场景，比如卖珍珠的直播间的标题这样写"珍珠挑得好，老公回家早"，这就是击中了当代女性"独守空房"的普遍痛点。

还有一个做大码女装的直播间标题是这样写的:"胖妹大码,夏季试衣显瘦",这是能激发粉丝好奇心的。

那该怎么写出一个优秀的标题呢?

第一个方法为直捣黄龙。

比如"品质童装第二件0元"这个标题仔细体会其实就是买一送一的意思,但却没涉及敏感的利益信息,属于一个聪明的擦边球。还有标题是这样写的:"妆前30妆后18",这是一个做护肤美容的直播间;做童装的直播间标题是这样写的:"小学女生居然穿出国际范",等等。这些都是以明确的词汇直击目标客户,让人想不点进来都难。

第二个方法为数字描述。

就是能给别人一个确定性的预期,比如"××你不知道的3种吃法",还有"9.9元5斤苹果最后一天",虽然也是一个擦边的促销信息,但因为并没有涉及具体的词汇,所以也能通过。利用数字可以在一堆文字标题中脱颖而出,吸引目光。

第三个方法为采用"如何"句式。

比如"如何减肥不反弹""如何画一个减龄妆""如何穿出欧美范"等,这种如何句式也是一个好的标题。用疑问句式来吸引客户的好奇,如果他做不到自然就会见贤思齐想要点进去学习学习了。

第四种方法为提问式。

比如"减肥茶和减肥药哪个更好?",这种涉及一定知识原理的标题表面上看似乎是一种科普直播,但你又不是十分确定,所以如果你有疑惑,可能一下子就点进去了。

第五种方法为爆点词命令式。

比如"灰姑娘变女神必杀技","必杀技"三个字能激发别人的好奇心,还有"逆袭全靠这身装",会让人想进来看一下是怎么逆袭的。在这里,"必杀技""逆袭"都属于网络用语的爆点词,一般人看到这样的爆点词都会产生好奇想要进去看看究竟。

以上的五个方式只是固定的套路，核心是你的标题能够激发别人的好奇心，标题写出来自己念一下，一定要能激发好奇心，这才是关键。

我们来对比下比较平庸的一些标题。比如"反季羽绒服特惠"，这个标题虽然也明确了产品和活动，但就是让人提不起兴趣，感觉是20世纪80年代的词汇，特别寡淡无味。还有"有6~12岁女儿的请进"，这在直通车很好用，但在直播间会让人觉得莫名其妙，毫无新意。

比如还有"××活动进行中"，就有点不知所云了，最后是"工厂特卖×××"，你会发现，所有平庸的标题的特点从语文的角度来说就是陈述句，根本无法激发用户的点击欲望。

好的标题，可以引发别人的好奇心。比如卖翡翠直播间的标题是"主播疯了，怒砸高价翡翠"，你肯定想点进去看看，因为人人都知道翡翠价值不菲，到底是出于什么原因主播会疯到和钱过不去怒砸呢？由此就会引起你的关注。

再比如，某玉石直播间的标题是"太狠！主播显微镜挑货"，其实这也是一种噱头了，显微镜明显是不可能在这样的场合下使用的，给人一种高射炮打蚊子的既视感，同时又彰显出主播选品严格到了变态的地步。这一个标题就达成了两方面的作用，一是激发好奇心，二是给人一种主播选品严格的潜意识印象，真正的一举两得。

还如卖名牌女装的直播间取名"专柜女装地摊价"，这个标题的作用是反差对比，专柜女装往往是奢侈品的代名词，这样的高价货又怎么可能卖出地摊价呢？

要为直播取个好的标题，基本的套路就是这些，另外就是要注意尽量避免陈述的句式，或者制造与现实环境有冲突的场景，这样就能取出令人好奇感兴趣的好标题了。

前文我们说到了直播准备的标题拟定问题，那么还有一个具体的问题就是一个合格的标题怎样写出来？名不副实的虚假宣传肯定是不行的，长此以往若是被用户贴上"标题党"的标签的话就再也难以翻身了。

正确的标题结构应该具有三要素，即时间、人群和货品。比如：节日/季节+客户人群+产品。

第一种写法一般是以电商节或传统节日开头，带有一种促销、做活动的目的，有明确针对的客户人群以及针对客户人群的产品，比如"开学季学生必备文具"等。

第二种，日常直播的标题就要遵循两个要点：产品和利益引导。

这种写法是把产品先提出来，率先锁定目标消费人群。就好像卖塑身衣的，不是这类货品的消费受众，比如男性的话基本都会马上划过去，而有消费需要的人群，比如说刚生产后有塑身要求的宝妈们则会稍微停留下来，继续看后面的利益引导，看看有什么活动优惠。

第三种，如果你的直播有大流量的明星或网红加持的话，就要以人+货的方式作为引导，"××（明星）在用""××（网红）推荐"，这样的标题开头就能让人产生一种熟悉感，并且由于之前对明星、网红的信任，也会对标题说的产品产生兴趣，进而点击进入直播间一看究竟。

第四种是更为常见的节日促销标题，其结构为：节日/季节+产品+利益诱导。

这种标题属于比较通俗易懂的，完全赤裸裸地借助节日/季节对某个产品进行利益诱导，这种诱导无非是优惠活动，打折、满减、秒杀、福利之类的。

第五种就是简单直白地把专业的货卖给需要的人，即常见的客户人群+产品。在这里，两者的先后顺序都是可以自由安排的，无论是产品在前，还在客户人群在前，都不影响最后的结果。这样的标题能够筛选一部分相对精准的用户进入直播间。

第六种是典型的纯利益诱导。

通过直播间抢红包、进直播间免费送等标题以赤裸裸的利益派送来吸引用户，其杀伤力强，给用户"有便宜不占是吃亏"的感觉，当然引流的效果也是比较实在的，只是流量进来后就需要设计一些活动规则进行带货的转化。

第七种，蹭热点。

热点新闻事件、网红、电影/电视剧等，都可以作为一个话题放在直播标题上，吸引到流量进直播间后，再在这些话题中植入自己的产品。

第四节　直播脚本打造需遵循的三要素 》》》

对于很多刚接触直播带货的新手来说，经常会在直播中出现以下问题：直播中要么对着手机突然卡壳无话可说，要么语无伦次，逻辑混乱；直播时根本不知道怎么调动直播间氛围；不知道怎么留住进入直播间的粉丝；更不知道如何在直播间把自己的产品推销出去，不会提升直播间成交转化率。

如果你在直播中也存在以上这些问题，建议你先试试拟定一份直播脚本。因为，只要有一份合格、专业的直播脚本，几乎就能解决以上80%的直播难题！

在这里，你要先明确一个观点，直播绝不是一场即兴表演，当中的每一个环节都是要提前精心准备的。而制定一份清晰、详细、可执行的直播脚本，是一场直播能够顺畅进行并取得效果的最基础保障。

直播脚本也是我们把控直播的节奏，规范直播流程，达到预期目标最关键的一步。

因为直播是一个动态的过程，直播过程中涉及人员相互配合，场景的切换、产品的展示、主播的表现、促单活动等综合因素，这些因素彼此配合又相互融合。如果没有一个清晰可执行的脚本，直播过程的混乱是根本无法避免的，而有了脚本，就能更加方便直播筹备工作。直播间参与人员各自按照自己的分工紧密配合，也会更加默契，让直播有条不紊，有序推进。

1. 直播脚本的四个核心要素

在了解直播脚本怎么写之前，首先要明确直播脚本的 4 个核心要素

（直播脚本作用）：

（1）明确直播主题

也就是搞清楚本场直播的目的是什么：是节日促销？是回馈粉丝？新品上市促销活动？明确了直播的主题，再利用标题清晰地表明直播的性质，就能让粉丝明白，自己在这场直播里面能看到什么、获得什么，提前勾起粉丝的兴趣。

（2）把控节奏、梳理流程

一份合格的直播脚本都是具体到分钟的，比如 20：00 开播，20：00—20：10就要进行直播间的预热、和观众打招呼之类的。

另外还包括产品的介绍，一个产品需要介绍几分钟，尽可能地把时间规划好，这些都可以通过事前的读稿来确认时间的分布，并按照计划来执行。比如每个整点截图有福利，点赞到十万、二十万提醒粉丝截图抢红包等，所有在直播里面的内容，都是需要在直播脚本中全部细化出来的。这些环节的时间安排得越精准越好。

（3）调度直播分工

对主播、助播、运营人员的动作、行为、话术通过排练进行确定。包括直播参与人员的分工，比如主播负责引导观众、介绍产品、解释活动规则；助理负责现场互动、回复问题、发送优惠信息；后台客服负责修改产品价格、与粉丝一对一沟通答疑、切实转化订单等。

（4）直播预算可控

中小卖家由于预算有限，脚本中可以提前设计好能承受的优惠券面额或者是秒杀活动、赠品支出等。这些都是可以通过计算来提前得到的，如果超支可以进行适当缩减调整，提前控制直播预算。如果没有这样的预算，在直播的时候即兴发挥，最终导致卖家亏损，结果肯定是一地鸡毛。

2. 直播脚本分类

对于直播带货来说，直播脚本一般可以分为单品直播脚本和整场直播脚本。单品直播脚本顾名思义就是针对单个产品的脚本，以单个商品为单位，规范商品的解说，突出商品卖点。

大多数情况下，一场完整的直播一般会持续2~6个小时。这么长的时间里不可能只针对一款产品从头说到尾，所以大多数直播间都会推荐多款产品。而每一款产品都要定制一份简单的单品直播脚本。以表格的形式将产品的卖点和优惠活动标注清楚，可以避免主播在介绍产品时手忙脚乱，混淆不清。

这样也更能帮助主播精准、有效地给直播间粉丝传达产品的特色和价格优势。

单品脚本内容一般包括产品的品牌介绍、产品卖点、利益点、目前的促销活动、催单的话术等。

以服装产品为例，单品脚本就要在表格里面详细地描述清楚衣服的尺码、面料材质、颜色、版型、搭配要点等。还有最重要的是通过同类对比来展现价格优势与及时回答粉丝的问题。从这些预设的内容出发，等所有东西讲解完的话，基本上产品也能讲解得非常到位了。

整场直播脚本就是以整场直播为单位，规范整个直播节奏的流程和内容。

整场直播脚本一般都会包含时间、地点、商品数量、直播主题、主播、预告文案、场控、直播流程（时间段）等几个要素。

时间、地点、主题、主播不用多说，按照字面意思往表格里面填写即可。

关于整场直播脚本，值得重点说的就是直播流程。直播流程包括详细的时间节点以及在该时间节点主播要做的事和说的话。

直播流程包括：

开场预热：开场打招呼、介绍自己、欢迎粉丝到来，今日直播主题介绍；

话题引入：直播主题或当前热点事件切入，目的是为了活跃直播间气氛，调动粉丝的购买情绪。

产品介绍：根据产品单品脚本介绍；重点突出产品性能优势和价格优势。

粉丝互动：直播间福利留人，点关注、送礼、抽奖、催单话术、穿插回答问题等。

结束预告：整场商品的回顾；感谢粉丝，引导关注，预告下次直播时间、福利和产品活动。

另外，在下播之后，别忘了对本场直播进行复盘。

在复盘过程中，可以对不同时间段里的优点和缺点总结，便于进行优化和改进。比如今天为什么卖得好，为什么卖得不好，粉丝产生购买欲望的点在哪里。复盘内容也可以呈现在直播脚本里面，为后面的直播做优化。

需要注意的是，脚本不是一成不变的，需要不断优化，不断调整。这样一来，直播时间长了，心中自然对直播脚本怎么写了然于胸，对于直播脚本的运用也更加得心应手。

第五节　打造最专业的人设 》》》

成为一个合格的主播之后，接下来就要考虑人设的打造了，毕竟符号明显的个人 IP 就相当于一个专有品牌，对带货而言有时是有决定性作用的。

其实"人设"这个词不难理解，以前很多自媒体人都会选择自己擅长的领域去创作，不断输出专业的内容，在内容中体现了自己的性格和风格，久而久之就成为一个人尽皆知的标签。他们的粉丝只要看到这个标签，就会联系到某个人，这跟很多品牌要做视觉设计，要讲定位，要讲故事是同样的道理。

那么如何才能打造好一个主播的人设？

打造主播人设的过程可以归纳为人物、起因、经过、结果四个要素。

首先是人物的基本设定，这关系到主播个人的外貌、性格、特点三个方面。外貌是先天的（后期整容除外），比如高颜值的人适合做服装、美妆类的主播等，所以大家可以根据自己日常生活中的角色去定位适合的主播类型。不过这不是绝对的。以新手主播来说，还是中规中矩地按照人设体系来运作比较保险。

性格方面，有些人乐观热情，有些人严肃专业，有些人高贵优雅，有些人风趣幽默，假设我们一一对号入座的话，第一种主播适合卖百货，第二种主播适合卖养生补品，第三种主播适合卖奢侈品，而第四种主播则适合卖服装、玩具、运动产品等。

最后是特点，是由性格或者内在能力延伸出来的。比如有些主播喜欢说段子，而且能说得眉飞色舞，表情和肢体动作都极为丰富；而有些则擅长举例子，摆事实，讲道理等。那么这些都是人设中相对比较突出的闪光点，如果我们发现自己有这方面的特点，应该着重去体现出来。等直播久了，你也能够拥有自己的金句、名句。

1. 有了人物的基本设定之后，就应该尽可能地把人物体现出来。

无论是带什么品类的产品，人物设定始终是不变的。

主播从某一角度来看和演员有共通之处。一个好的演员是不能挑剧本的，给什么剧本都能深刻地理解角色，投入进去精彩地演绎出来。回到主播这个行业来讲也是如此，每一场直播中，你必须不断重复三个问题：自己需要扮演什么角色？要干什么事情？怎么才能把事情干好？比如今天让你去卖尿不湿，你本来的人物设定是高贵优雅，那就得转变成一个宝妈的角色来接地气，万万不可维持原来不食人间烟火的人设，那样会让你的表演格格不入。你最好通过现场试用的一系列操作来推荐这个品牌的尿不湿，同时在互动时了解宝妈观众们的问题，逐一地进行解答和引导，最终达成成交。

同时在这一过程中，你也不要轻易推倒自己的人设，卖的产品接地气但人设依然要立住。主播要依旧是那个高贵优雅的女人，给观众的印象不过变成了一个有修养有素质的宝妈而已。所以不论每场直播扮演什么角色、卖什么产品，人物一旦设定是不能轻易改变的，通过不断体现，不断加深观众的印象，形成个人 IP 的符号。

2. 相信坚持便会脱颖而出

带货大 V 也是从默默无闻过来的。李佳琦和薇娅无人问津地直播了几年，他们刚开始的时候都经历过惨淡经营，但他们并没有放弃，反而在不断坚持下获得了成功。换成你去当主播，也需要经历同样的过程。而且因为竞争人数的增多，你的过程可能更加艰难，但在这个过程中你必须坚持直播，输出自己的人物设定，培养自己的粉丝，在粉丝心中形成专属于你的品牌烙印。

3. 自己书写标签

要想让别人尽快熟悉你，最好的方式就是给自己贴上标签，标签是熟悉一个人最快捷的方式。换句话说，人设就是标签的组合。你需要寻找一些自身具备的有传播度并符合目标定位调性的标签。

标签不是你说你具有什么样的标签就具有的，而是通过视频内容以及直播展示呈现出来的，由粉丝自发给你归纳的。

这些标签要在几乎所有视频中以及每一场直播中都能得到体现，用户才能对你形成一个统一的印象。而假如你未能塑造出一个区别于他人的形象，那你就跟其他的同类主播没有区别，从而难以获得格外的关注，也就更难以变现。

4. 自身辨识度

想要建立个人的热度 IP，你首先对自己要有一个清楚的定位：

WHO？我是谁？

HOW？我是干什么的？

WHY？我凭什么得到别人喜欢？

干什么，如何定位前面已经讲过。而对于"凭什么得到别人喜欢"这个问题，就是要发掘并找准自己身上能吸引人并有辨识度的一个或几个地方。

"好看的皮囊千篇一律，有趣的灵魂万里无一"，而要成就你，好看的皮囊不一定是必备的，但有趣的灵魂则必不可少。

如今竖屏短视频已成为当前的主流，其特点便是具有更强的社交属性。人设很大程度上就取决于主演面对镜头时所展现出来的性格特点。这决定了他能否感染观众的情绪引发互动，也决定了他能否获得更多观众的喜爱走得更远。

5. 大胆挖掘，重点深化

人设不是凭空想象出来的，而是应当从自身出发，基于自身已有的东西去做精选。

可以是外表，可以是性格，还可以是特长，只要是稀缺的特点都可以考虑。如果不知道自己身上哪个地方更能吸引别人，可以先去问问身边的朋友，让他们评价一下你身上让人喜欢和讨人厌烦的地方分别是什么。

对于特点的挖掘要舍得投入足够的时间，针对每一个可能的特点分别策划视频大胆勇敢尝试，通过数据挖掘出你身上真正不同凡响、让人印象深刻的地方。当你终于挖掘到这个特点后，你还需要不断深化，通过不断地重复给观众形成记忆点，让他们知道这个标签就是属于你专有的。

6. 从自身出发

人设的选择还有一点就是"不要说谎，但可以有选择地说真话"。

就像找工作一样，你要做的是多多展现自己好的方面，尽量避免自身的缺点，而不是去伪造、添加一个原本不具备的长处。

任何人身上都有闪光点，也有固定的缺点。这些内在的东西可能原本只对最亲近的人可见，但现在你作为主播，却必须将这些隐私的东西有选择地让更多人看见。你越真诚，你的粉丝会越信赖你，你也更好营销变现。

7. 前后一致

一旦确立了人设，就不能随意改变，长久坚持才能给粉丝形成清晰一致的形象。

所以，在每一次直播的选题策划过程中，都要考虑这期视频内容是否与人设相符，不能胡乱跟风、追热点导致人设崩塌。通过持续产出人设高度一致的视频或直播内容，可以不断强化粉丝对 IP 的印象，继而形成牢固的粉丝关系。

当然，并不是严格要求每一期视频内容和直播内容都必需完全符合人设，适时推出一些背景故事、节日问候、幕后花絮、客串联动等能够增加新意，也能拉近与粉丝之间的距离显得更加真实。

8. 了解粉丝群体

主播在进行人物设定的同时，要充分考虑到该账号定位面向的主要粉丝人群。通过对目标群体的调研把握其画像，了解他们的性别、年龄层次、消费习惯等数据，继而从其视角重新审视自己人设的标签，在这一过程中需要去掉那些目标人群排斥的标签。这样可以在一开始就使得自己的人设对特定群体有充分的吸引力，从而减轻后续压力。

比如你是美妆或者时尚领域的主播，假如你的目标粉丝群体是年轻的学生，那你就应当考虑到他们的财务状况，选取的商品就要符合其经济承受能力。

9. 打造完美人设三要素

要打造人设，还需要掌握三要素：价值观、透明度、专业度。

（1）价值观

要打造人设，首先要弄清打造什么样的人设。必须是正能量的人设，必须从正能量的角度出发，从生活的方方面面展示你独有的价值观，不但粉丝敬服，就连整体社会也会为你点赞。

（2）透明度

透明化自己，是一种真心交朋友的基本方式！销售者越是透明，消费者就越感觉放心，这就是坦诚的力量。

（3）专业度

对产品的了解与对细节的把控都能体现出一个主播的专业程度，主播越是专业，越能获得粉丝的信赖。这是直播成绩的决定性因素。

唯有将勤奋+专业度作为直播的主旋律，才能做出像样的成绩来。

第六节　商家直播的困局 >>>

在如今直播百花齐放的局面下，对于想展开线上直播营销的品牌和企业来说，在决定直播时，反而面临了一道选择平台的难题。

这些市面上常见的直播平台，有强电商属性的淘宝、拼多多，也有主打娱乐社交内容的抖音和快手，这些平台都不缺用户，但能赚到钱的商家却不超过10%。

为什么？先来向大家分析一下这里面的核心逻辑。

直播带货从本质上来说，其实是一种限时促销行为，只是这个促销行为间接地完成品牌曝光，因此品牌期待可以被更多消费者认识，增加更多的复购。其实和商家花钱请代言人，买广告位差不多，只是以前是纯广告，现在是通过低价卖货的方式达到广而告之的效果。

再从费用来说。据了解，罗永浩在抖音的首场直播坑位费对外的报价是60万元。直播后，还要再根据用户点击产生的实际销售笔数收取佣金。当然，60万元的坑位费对应的是罗永浩的巨大流量。而淘宝直播顶级带货"一哥"李佳琦的日常坑位费报价也要20~25万元。

那么自己做直播带货是否能杀出一条血路？

中小企业和各大家居专卖店也迎头赶上，导购们也纷纷变身主播，在抖音、淘宝等各大平台直播卖货。

效果如何呢？

某头部家居企业在最近一次的直播中，吸引1700万人观看，成交22677单，成交率只有1.3‰。

就连抖音粉丝数接近2000万的设计师阿爽，直播中有770万人观看，成交13919笔，成交率1.8‰。

不少家居品牌的直播间较为冷清，观看量、互动量以及成交量都不如人意，很多企业做活动都是亏本的，甚至还出现行业内"虚假繁荣"的问题。

你一次签单1万元，我就签5万元，他就签10万元；你一次直播有100万人收看，我就有500万人，他就有1000万人。看着业绩蹭蹭往上涨，但真实情况只有自己心里清楚。

所以，准备做直播带货的企业，要想清楚自身是否能做好线上引流，保持客户黏性、成交和客户留存，否则投入了大笔资金却容易竹篮打水一场空。

企业经营有几个痛点：

获客难（没流量）；

锁客难（客户黏性差）；

成交难（购买率低）；

复购难（成交即断交）。

这几个痛点，普通直播带货平台能解决多少呢？

仔细想想，平台大概就只能为线上商家提供一定的流量，但也非常有限。

问题不解决，什么渠道什么平台都没用，浪费时间和财力。这就是为什么依靠直播带货赚钱的商家不超过10%的原因。

难道说，直播带货这个渠道就真的完全不适合中小企业吗？其实，直播带货是时代的风口，也是实体企业转向线上的机会。风口一定要赶上，但前提是，选好给力的武器！

选择的平台要有多种强大功能，能打造完整营销路线，不仅仅有直播带货功能，还能源源不断地提供精准流量，促使转化成交，将商家痛点解决方案一网打尽！

1. 获客

普通直播平台能免费给予商家的流量有限，大部分是吸引商家在平台上买流量。商家只能自己想办法引流，精准程度也很难保证。

自带社群引流工具和商家私域的直播间自动向每个商家的专属直播间

导入精准流量，每天引流 50 ~ 200 人 , 利于商家打造自己的私域流量池。获客变得简单快捷。

每一次直播都能沉淀用户，实现品牌与用户的互动。如此滚雪球效应般的互动、沉淀、再互动，能够实现更好的销售和转化。

2. 锁客

纵观市面上的直播软件，普通直播平台增加客户黏性的功能几乎为 0。

精心打造专家号功能，可以为商家提供吸引客户的文案，商家可以利用文案在系统中轻松打造属于自己的专家号，增加用户对商家的黏性，增加用户信赖感。

3. 成交

普通直播平台促进成交只能靠商家打折，一再压低利润才能对用户形成刺激，从而达到一定的成交率。

好的系统内可以设置多样化成交模式，有自带的商城，也可以分享到微信进行拼团秒杀，还有一键比价功能，抓住客户心态，让客户对比了各方价格和优势，有利于刺激客户快速下单成交。

4. 复购

在普通直播平台上，用户对商家只有单一的关注功能，且双方关系非常脆弱。商家直播结束，用户退出直播间，下一次再进入直播间就不知道是什么时候的事了，因此促成复购的能力很差。

优秀的平台可以设置一键联系商家功能，方便用户联系商家沟通。并且打通微信端，不断推送文案和优惠信息，增加客户的信赖感，有效激发客户的回访和复购。

第七节 商家直播应该怎么玩？ 》》》

说了这么多主播带货的诀窍，那么我们反过来看看商家的问题。随着网购人群突破 10 亿大关，行业渗透率也接近九成，市场卖家之间竞争加剧，同时拉新获客成本不断攀升，用户需求愈发复杂化和精细化。如何提升存量用户价值，成为行业普遍的难题。而直播正是各大电商需要的新发展通道。

有志于通过直播来带货的商家需要注意以下的几个数据：据统计，70% 以上的直播热销商品价格在 40 元以下，而 60 元以上的商品仅占10%。热销单品主要是食品饮料、美容护理、服装、鞋包、床上用品等产品。

具体品类：

1. 高利润空间的产品商家首先要考虑到网红的报酬。那么商品的利润要去掉各类广告及网红佣金的成本，因此商家所选择的商品要具有一定的利润空间。一般美妆、服装类商品更容易推广，因为直播间的观众有 80% 以上都是 18 到 45 岁女性，这类商品需求量大，利润空间也大。

2. 刚需产品、日常用品这种大消耗量的商品也特别适合网红带货。不管是牙膏或者洗发水、洗手液等，这些日常生活中消耗较大的商品是人人都需要的。如果网红带货时价格低廉，商品也还不错，那么，大部分的粉丝还是愿意购买的。

3. 零食生鲜这类商品虽然不如刚需产品消耗量大，但日常生活也必不可少，可以说仅次于刚需产品。我们经常看到有些网红会在直播间一边吃零食一边介绍零食好坏，采取这种方式带货的效果也是相当不错的。

4. "特色"产品类似于新颖奇特的东西，尤其是加上主播的描述、展示是很容易让都有好奇心的我们心动的。它不一定有价格优势，但是能贴合用户的场景，让用户觉得这个产品如果用在某处、放在家里某地、在某时候使用，是很不错的，就很好。虽然我们知道了上面这些产品适合直播带货，但是光产品适合，不做努力，产品挂在直播间也是没人会下单的。这就涉及如何做好直播带货。

1. 营造直播间气氛

今天的营销，正在进入一个所见即所得的年代。对于直播带货来讲，最重要的是给消费者制造一种身临其境的现场感，让消费者在看直播的同时，自然进入一个购物的情景中，正如其在线下商场逛街一般。直播间要让消费者感到舒适、自在、没有疑虑，这样他才会在极短的决策时间内，不用去搜寻信息了解更多，不比对价格和同类产品，直接下单购买。

2. 做好沟通工作

直播带货的主要目的就是竭尽全力去与粉丝沟通，让产品的卖点在特定的环境中展示出来，以达到更高的销量。这个时候主播通过与粉丝密切互动，营造出一种聊天的轻松场景，可以迅速拉近与粉丝之间的距离，带动直播间气氛的同时还让直播极具娱乐性。当你的带货直播让人感觉到有趣又好玩时，销量也就跟着上去了。

3. 参透观众心理

我们可以送一些小礼物用以抓住粉丝的心。除了品牌提供的礼品外，我们还可以定制一些自己直播间专属的礼物。这样，既能促进粉丝的购买，又能改善与粉丝的个人关系。

在直播过程中体现专业素养。要介绍产品的突出优势和优惠价格。其他内容可以由一个助理在镜头外补充解说。如果你销售的是一些"非著名品牌"的产品，可以让助理对比同类产品，突出所售产品的优势，打消粉丝对产品的种种担忧。

4. 换位思考多为用户着想

不要盲目推销产品，要让用户感受到主播的真情实意，从而做出自己的选择：需要你就买，不需要你就不买。劝说粉丝们不要盲目购买产品比大力推销产品更容易被接受，也能衬托出你的坦诚。

5. 用各种抽奖、红包等福利留住用户

比如，可以做一些小活动，关注并转发朋友圈，可以参加抽奖或领取红包。用户还可以帮你拉一些粉丝进来，从而增加整体的用户数量和关注度。

那么对于商家来说，网红直播究竟该怎么玩？

（1）网红直播带货成本分析

谁来给钱，谁来收钱？如何更加有效地与消费者沟通？网红直播的答案是通过足够有趣的内容，足够优惠的价格，足够专业的推荐来把产品卖给消费者。从这个角度而言，网红更像是商家请来的"经销商"或"售货员"。

当然，请网红的费用是比较高昂的，包括坑位费、抽成、佣金等。另外，提供直播服务的淘宝、抖音、快手等平台，也将收取一定比例的抽成。

费用如此之高，不少商家重金邀请网红，却只是单纯为了卖货，着实浪费！对于这一点，有个共同的方法值得学习——将粉丝沉淀进自己的"私域流量"并进行精细化的运营，以最大化发挥直播的作用。

（2）哪些产品适合网红直播

网红直播带货容易爆发的品类往往是低单价且高复购率的产品。

热销快销品（如洗护用品、卫生纸、家居用品、零食等）是首选。此外，近年来随着国货美妆产品的崛起，在美妆产品里单价相对较低的消耗类护肤品如面膜、彩妆产品里的口红在网红直播带货的风潮中表现出了惊人的成绩。

但其实这些低单价且复购率高的产品本身在使用价值上差异并不突出。那么除去价格因素之外（往往各品牌间价格差异也并不是特别大），品牌影响或者消费者的认知程度成为影响购买决策的重要因素。

而这，正是体现网红价值的地方。网红，不论是淘宝模特、专柜导购，还是时尚博主，他们通常都深悉消费者心理，利用自己卓越的能力和自身魅力来赋予产品或品牌新的定义，引发用户共情，促使他们不断买买买。

另外，高单价、低复购的大件产品也正在直播带货中受益，比如汽车、家居等。2019年10月16日，宝沃汽车邀请代言人、主播和网红走进工厂直播卖车。该场直播累计观看人数达459万人次，累计预订宝沃汽车1623台，成交金额高达2.2亿元，创2019年度整车厂商直播预订和销量的新纪录。

（3）哪些网红带货给力

网红带货中的马太效应巨大，头部网红不可忽视，强者恒强，弱者越弱。据业内消息，淘宝直播每晚的GMV，薇娅占了30%，李佳琦占20%。这意味着，网红直播带货存在巨大的马太效应。

平台是追求效益的，流量分配到主播目的就是促进成交，这代表着，平台会给顶级网红更多的流量支持。虽然这对于中小主播不太公平，但资本逐利，这样做无可厚非。以2019年"双十一"为例，淘宝直播引导成交近200亿元，每次直播前针对粉丝会提到的问题，写好互动话术，引导粉丝互动评论，激活粉丝，设置点赞频率，营造直播间热度，获得更多的官方流量，设置前往购买频率，引导粉丝抢单下单，有17个直播引导成交过亿元。其中有4个网红直播间、3个淘品牌直播间，其余都是传统大品牌（海尔、华为等）的天下。这些惊人的成绩背后，是淘宝直播的流量支持。除了淘宝直播，抖音平台也存在着同样的问题，且将会长期存在。相比较而言，快手去中心化程度高（头部内容限流在30%），中小网红的机会更多一些。

别小看低粉丝主播的带货能力，流量是基础，但粉丝数不等于销量，还要看转化率。好内容以直播的形式展现，加上过关的产品品质，是网红与粉丝建立起信任纽带的关键。抖音TOP20销售达人中的8个达人虽然低于百万，但带货能力仍然非常出众。

以勤补拙，持续发布种草开箱类视频，将好物推荐给有需求的用户，提升转化率是腰部主播进化为达人的首选方式。

若想与抖音销售达人榜的腰部主播合作，可以从这三点来考虑：

① 是否专注与本品牌相关的垂直领域？

② 人设是否具有高辨识度？

③ 是否将直播作为主要工作？是否能够保证定时播？

通过以上三点，能尽可能选择出与自身产品匹配的主播。同时，试播很重要，每个网红都有自己的属性，有偏做品牌宣传内容型的，也有偏带量型的。所以你首先得知道自己想要什么，再去对网红进行充分的评估。

比如说星巴克和薇娅的合作中，虽然薇娅已经名声在外，但星巴克的做法是小规模尝试后，通过对薇娅的进一步了解及评估再决定是否深入合作。对于品牌而言，选择合适的网红直播和选择合适的代言人一样需要慎重。试错的过程对于商家来说非常重要，好在选择网红直播的成本相对较低。

（4）如何占据网红直播未来先机？

网红直播带货模式的演进就是不断靠近货源。网红直播正在从最初的1.0 时代，在不断向 3.0 时代扩展！

目前，1.0 直播模式主要包括三种，即：店铺直播模式、秒杀模式、网红达人模式。

店铺直播模式，就是主播一款款介绍店铺当前在售商品，其核心竞争力来源于在播的现有商品。

秒杀模式是当前最为常见的模式，主播和品牌商合作，帮品牌商带销量。

而达人模式则是在领域内由有着非常深厚专业知识的消费者进行推荐，粉丝对主播信任度高，往往尽管粉丝数不多，但转化率却非常高。

而 1.0 网红带货模式是当前直播带货的基本盘，重要性不言而喻，具有相当高的普遍适应性，此后模式也多由此演进，更适合更多细分品类。

而 2.0 直播模式对于传统电商触及不到的货品和领域则有奇效。

2. 0 的直播模式主要是国外代购模式、基地走播模式、产地直播模式、砍价模式以及博彩模式。其中比较有趣的就是基地走播、产地直播以及砍价模式，对于传统电商触及不到的大型货品和领域有奇效。

工厂直播基地的直播由供应链构成基地，在各个直播基地做直播，现场开播，容易造成冲动下单。前文中提到的宝沃汽车便是这种模式。目前比较好的基地模式就是品牌基地和产业带直播。

而砍价模式非常适合珠宝、古玩等附加价值高的商品，而珠宝、古玩是快手带货排位非常靠前的品类。比如，当主播拿到翡翠玉石后，把商品优缺点分析给粉丝听，征询有意向购买的粉丝，主播砍价，协商一致后，主播从中收取一定的代购费和佣金。

古玩直播 2.0 的直播模式一定程度上解决了货源和选品的问题，基地、产地都有着充足的货品供给，并且进一步延伸到珠宝玉石甚至大型机械等品类。

而 3.0 直播模式则是主播根据粉丝需求，采用 OEM 或者 ODM 的方式推出特有款式，同时也保证了品质。简而言之，主播通过多年的带货积累，在粉丝群体中具有牢固的影响力，那么他们就可以借此机会反客为主，要求企业生产符合他要求的定制产品来供应给粉丝。目前这种模式已经有人试水，但还并不完善，而这有可能是未来直播带货的一个重要的发展方向。

3.0 直播模式下，汇聚各类服装、美妆、食品等工厂产能，基于 C2M 的生产模式赋能旗下主播，逐渐提高自有货物的直播比例，进一步提升直播间的利润率。而未来企业最重要的资产是：数据资产、用户资产、品牌资产。所以，虽然目前商家带货找网红，但是不能把所有希望寄托于网红身上，他们必须看到用户被网红们垄断带来的风险和危机。

我们可以根据趋势来预想一下，5 年或 10 年以后网红直播会是怎样的。不断积累数据资产、用户资产、品牌资产的网红直播中可能会诞生一个物种，一种超级直播机构，它将"人、货、场"三个要素全部做到极致而出现。

可能这种模式有点像早期的淘品牌，比如红人店铺，就是红人跟店铺的双身份。未来可能会出现更多的"直播机构+MCN+商家+供应链"四合一的超级直播机构。

对于传统企业而言，如果你对于新技术、新方法、新趋势无动于衷，今天可能是网红给你打工卖货，未来，可能是你给网红打工生产产品！主客地位瞬间颠倒。

所以，直播带货作为近年最大的"风口"，越早下定决心投身其中，未来就越有可能占据主动。

第五章

带货直播进行时

第一节　彩排演练的必要性 >>>

做一场电商直播之前，要事先做好准备。直播商品的上架、定价、库存、促销活动设置，后台设置，开播前调试，确保客户能正常下单。

那么在开播之前，直播团队要做什么呢？

答案是直播彩排。目的是在提高直播流程的顺畅度的同时降低实际直播中可能会出现的失误。那么在彩排中，直播团队需要注重哪些才能避免一些人为的错误呢？

1. 商品的出场顺序

在直播过程中，低价位的商品通常是先出场。先增强用户的购买欲望，之后再上架更多其他种类的商品。在实际直播中，过多的商品如果没有事先排好出场顺序的话，可能就会导致顺序出错，进而对后续出场的商品造成不好的影响。

2. 商品的介绍试用

在直播中，主播对商品的介绍通常是基于试用，这是为了让用户看到实际使用效果之后，增强用户的购买意愿。

3. 直播的优惠政策

主播要先搞清楚优惠政策，不要在直播间中犯这种"介绍是优惠到100元就可以买到，结果消费者付款时发现是150元才能买到"的错误，这样很容易让消费者心理产生落差感并降低对该购物直播间的信任，而且这种事也容易被消费者认为是虚假宣传。因此，为了避免出现这种错误，在直播开始之前，先搞明白优惠政策，确定好优惠价格。

总而言之，在电商直播开始之前，直播团队在直播彩排中要重点关注这三点，避免因为不必要的错误而影响了最后的销量。

除了以上三个彩排重点之外，直播团队最好进行一场全流程的电商直播演练，让直播流程更为顺畅。

在这里，着重讲一下直播过程中商品顺序的排列问题，因为一场直播带货，就是一场不可松懈的战役，所以要讲究兵法之道，也需要战术战略的配合。

1. 直播产品顺序

产品怎么组合才能让吸引力更强？要知道产品顺序的安排对于直播间在线人气、流量影响是非常大的。

直播带货并不是简单把橱窗里的所有产品全部上架罗列到直播间依次介绍就行了。不同的产品排列顺序，对观众留存、下单转化都有不同的影响度。

观众从进入直播间到离开可能就几秒钟，只要看一眼没有吸引他的商品，就离开了。所以，产品的顺序包括主播的粘粉能力都是很重要的。

既然如此，直播间商品要怎么排兵布阵？

开播之初，先热场互动。可以把当天的福利活动，秒杀产品介绍一下。比如整点秒杀，整点抽免单、买赠活动等。然后，在直播开场发放宠粉福利，比如最常见的宠粉引流产品组合。有些宠粉款看似是宠粉实为引流，而且宠粉款的商品，除了留住直播间进来的人，也可以给后面利润款的商品带来成交。

接下来进入的是利润款，也就是当场直播的主打商品。值得注意的是，利润款最好与宠粉款相互关联，以便主播能顺利地将宠粉款自然过度到利润款。

宠粉款送了，再过渡到利润款，利润款卖掉了再卖宠粉款，如此往复循环即可。此外，介绍一款产品的时候，介绍时长最好不要超过 10 分钟，应尽量控制在 5—8 分钟内。

2. 直播投放策略

有的新主播喜欢在初期运营阶段花钱引流，比如利用 dou+、feed 流，但这种花钱引流并不是盲目地砸钱，而是有方法、有技巧地去以小博大，最大限度地提升转化率。

所以我们投放要掌握两个原则：通过递进式、对比式投放，来计算转化率；

比如先投 100 元，再投 300 元、500 元，这样递进式去投放。计算每次投放的转化率，还要对比投放前后直播间人气转化差距。

针对性的制作投放载体短视频。

通过投放短视频来给直播间加热，短视频内容一定与带货产品相关，尽量不要拍跟商品没关系、只为上热门的内容，这样的视频对直播转化是没有太大作用的，就算有客户进了直播间也会因为不精准而难以留存。

3. 投放周期需要覆盖宠粉产品售卖时段

在没有太多的资金投放情况下，要知道钱越少，投放时间越短，效果越好。对于正常的腰部主播来说，投了五六百元，投放时间是下午 4 个小时，可能主播在直播过程中完全感觉不到直播间有人进来。

但是若投了三四百元在一个新主播的直播间，半个小时后新主播将明显感觉有流量进来。这既是平台的一种扶植手段也和新主播自身基础有一定关系。

另外，直播间的商品排列也是有技巧的。

对于顾客来说进直播间第一眼看就是整体的效果，好才会引起兴趣观看。而全民直播时代颜值是第一要素！这里，分两种情况给大家分享。

对于大多数有实体店铺的人来说，只需要把自己的店稍加装饰即可！就把直播间的装扮理解为实体店中"门店氛围"和"货品陈列"两个方面。

首先，对于店铺氛围，主要指两个方面：

一是拍摄空间整洁清晰明了，灯光要够亮。灯光是可以给产品增加附加值的最好利器！

二是切合产品特质，比如如果你家卖的是森系风格的衣服，那么直播间的配色就应该清新自然一些。

其次，把实体店运营中的陈列技巧运用到直播间来。

在主播身后背景墙及面前、手边，这都是可以被设计的细节展示位。

不管是摆放商品，还是直接展示促销信息的海报，只要被观众注意到了，都会有助于互动和成交。

如果你没有实体店可以利用，就需要装出一个直播间来！直播间的软装修，需要根据场地的大小去确定。例如背景可以用墙纸来替代，这样能够有效降低成本。

若是还想降低一点成本，那么可以从直播间的镜头下功夫，这样就不用将整个场地都装修得非常漂亮，只需要将出现在镜头下的一块区域进行装饰即可。

灯光一定要下功夫！因为灯光是直播间必不可少的要素，否则整个画面看起来太过灰暗，影响产品观感。

最后，有一点需要注意：尽量不要选择靠近马路、声音嘈杂的房间，这样会影响收音效果，影响粉丝用户的观看体验，用户可能会直接离开直播间，造成流量的流失。

第二节　搞懂直播正确的产品架构 》》》

做过传统运营的人都知道，一个店铺做得好不好，核心点和产品供应链有绝对的关系，其次才是团队，最后是资金！这里的产品供应链不仅仅指的是一手货源，还有产品架构。

那怎么才是正确的直播间产品架构呢？

1. 第一次握手成交的产品

其实大部分直播间都是从 0 开始，都需要一个磨合的过程，不管你卖的是什么，都要先学会设计 1 个产品，也就是第一次握手成交的产品。

新直播间刚开始运行都难，因为是 0 粉丝开始的，但平台不管你是什么直播间，都会给你推荐流量，只是给多给少的区别。所以，直播间就等同于一个实体小商店，你开了商店，总会有人进来看，你要让他停留，最好就是能让此次交易成交！只有成交了，他就是跟你形成一次交易，就建立了一定的信任度。有了信任度对你有了印象，下次优先点击进直播间的几率就很高了。

而想要让他跟你成交，你的这个握手成交的产品价格一定要低，而且必须是本直播间的常规产品。比如你是直播玉石手镯的，你的握手成交产品必须和玉石相关，可以是小的吊坠或者耳钉等；如果是直播各种包的直播间，你的握手成交产品必须和包相关，可以是钱包等等。

要注意的是，第一次握手的产品设计，一定要用心，这对你的直播间人群定位有用。另外应该具有单价低，性价比高，最好还有利润存留的情况。比如，不是让卖珠宝的直播间必须设计 10 块钱的玉石，这就片面了。正确的做法应该是利用你的货源优势，取高性价比而且低客单价的产品。而且握手成交不一定是一款产品，而是一个品类产品。这个产品系列设计的好不好将直接影响到直播间发展趋势。

2. 孤品模式

先科普一下什么是孤品模式，就是单件的产品，这个东西在你的直播间里属于独一无二的存在。

如果多人点，在形式上就会形成抢拍模式，也就利用到了饥饿营销的原理。所以做直播间，除了个别品类，货源就成了关键点，比如服装前期最好是做尾货，因为性价比够高，款式够多，不用压货。而珠宝更简单了，他们相互之间都可以货源互换。

3. 款式必须好

除了食品类，其他大部分类目的直播间都会被误导，觉得只要我的价格够便宜，一定会有高销量。

这里我们要分析我们的客流量，从大范围来说，来看直播的，女性占比最多，至少要达到 80% 以上。女性是绝对的视觉消费者，买东西非常感性，常常被情绪所左右。

所以，女性客户看到你直播间的产品，不一定是性价比高，还偏向于颜值高！

从前就有一位卖手串的商家提出疑问，为什么我的手串那么便宜了都卖不出去？进去直播间一看，直播间卖的全部是一模一样的手串，材质一样，款式一样，而且摆放密集，一大堆在那里陈列着，当时就没有了兴趣……这就是典型的抓不住重点模式了。

所以做直播带货，尤其前期要运用好孤品模式，这样能让顾客与顾客之间产生比较心理，降低自己的压力，同时最好做到款式好，颜值高，并且保持神秘，让客户永远不知道下一款是什么！

4. 价格区间必须会设置

很多直播间一直都在卖 1 个客单价的产品，或者 2—3 个客单价的产品。比如卖玉石的，全场下来就是 100 多，200 多，300 多的，基本所有的货品都在这个档次上下浮动，问他是真货吗，他说是真的。我说你有没有更好的货，他说有，价格太高了，没敢拿出来。我问多少，他说几千。这里问题就来了，如果简单的只设计几个成交单价层，那你成交会越来越困难。为什么？

因为没有对比！

就像传统卖古董的实体店一样，他们往往会有一两样镇店之宝，其具备的特色就在于稀有和高价，这种镇店之宝轻易不会卖，却一定要摆放在那里让顾客看见，为什么？就是为了彰显实力，但实际上他们主营的产品可能都是些单价并不高的货品，高价货品难以卖出，却并不妨碍他们的展示。镇店之宝存在的意义一是为了说明店铺的实力雄厚，二来店铺连这么高价值的货品都有，就没有必要怀疑货品的真实性了。

与之相同的，在直播间带货就必须遵循同样的原则，拉开货品之间的阶层。比如还是这家卖玉石的店，除了主营的这些几百块的玉石外，再准备一些几千元乃至上万元的玉石，在直播过程中循环介绍，有了对比，就不怕主营的那些低价商品没有销路了。两种高单价的产品，就是用来做对比的，拉高粉丝的心理期待。虽然成交的机率不大，却促进了其他产品的销售，所以，产品的价格区间必须设置好。

5.品类齐全

做直播间，是玩粉丝营销，或者说是一种另类的熟人经济。在直播间里，老粉丝因为多次成交才是不可忽视的财富，所以往往一个老粉能顶10个新粉。但要留住老粉也有一个前提，就是你的品类需要不断的丰富和补全，如果一直都是那些东西，就算再铁的老粉也会因为审美疲劳不再下单，所以品类一定要齐全。我们要做的就是让老粉在直播间买买买的周期无限拉长，促进其消费！

比如女装类，除了上衣，你还得有裤子、半身裙、连衣裙、毛呢外套、羽绒服等等。做直播产品架构也是很重要！

第三节　产品介绍不可避重就轻 》》》

不知道大家有没有想过一个问题，几位头部主播为什么有这么多观众喜欢看他们的直播？明明是相同的商品，相同的价格，为什么他们直播销售数据就是高于其他主播？

难道是因为明星效应聚集了更多的关注度？恐怕没有那么简单，这其中就涉及了一些主播们独有的秘密诀窍了。如果能将普通的商品通过主播的包装，让人愿意购买本身也是一种本事。要想做一场成功的直播带货，那么主播就应该懂得如何介绍产品，正确地引导粉丝下单购买，现在就和大家聊聊如何才能做好直播带货的产品介绍！

1.塑造产品价值

顾客买的不仅仅是商品，更多的是想要优惠。你的产品塑造的价值越高，顾客购买的冲动就越大。

塑造产品价值，主要从三个方面出发：产品的使用价值、体验价值和传播价值。

2. 解除顾客抗拒

当你塑造的产品价值非常高的时候，顾客仍然会有顾虑，担心产品会不会不像你描述的这么好，这里我们可运用到 0 风险承诺。

凡是在本店购买了本产品，均可 7 天试用，不满意可退回。当然如果是特别的产品，需要采取相应的 0 风险承诺调整。

以减肥产品为例：顾客把减肥产品买回去之后，假如不按照减肥方案来，虽然每天也在吃减肥产品，但是不运动，而且还暴饮暴食，那么再好的减肥药也没用。没有条件的承诺肯定会让你得不偿失，所以这个时候的 0 风险承诺，必须注明相应的条件，顾客每天必须保证运动量，饮食不得超过多少克，每天在朋友圈打卡。

符合条件，还不能减肥的话，才无效退款，以避免少数别有用心的人给企业造成损失。

还可以反复举出不同的顾客案例，用故事见证产品的效果，来消除顾客的抗拒心理。

3. 直播时频繁互动

在直播期间，不要总是一个人讲单口相声，在顾客提出相关疑问的时候，及时给出解答，提出相应的解决方案。

举例：你在卖一款奶粉，或许有宝妈会问，三岁的孩子能不能吃，孩子体质不好，会不会过敏，保质期多久等等问题。能问出这样的问题证明这位宝妈已经有较大的成交意向了，你必须拿出专业精神来认真解答，而不是只管喊着"买它"。

在解答的过程中，你还可以对比产品效果，甚至当场试验，以及相同产品的线下或其他电商平台价格，来突出产品的优势。

4. 直播结束

引导用户关注，并且预告下次直播的时间、产品、福利，来吸引用户下次准时观看。并且引导用户，加入粉丝团，下次直播自动提醒。感谢粉丝的支持，夸奖他们积极活跃的表现，并且喊出一些具体的人名或网名，效果会更好。

提升直播带货的成交率，好好塑造产品价值，解除顾客抗拒，和用户频繁互动，结束后引导用户关注。

不论直播行业还是主播职业，变现方式已经越来越直接。但是商品作为架起主播与观众之间的媒介，在直播中无时无刻不是双方关注的焦点，从引导关注、主播介绍、再到最终下单，这是一个完整的直播销售转化逻辑。在光鲜的商品销量背后，有着鲜为人知的"商品介绍三步骤"。

商品介绍三步骤：

1. 引发直播间观众注意

主播在介绍商品前，首先要将直播间内观众的目标聚焦到主播和即将上架的商品身上。那么，此时优秀的主播往往会通过两种方式去吸引观众注意。

引发目标关注：我们在李佳琦或薇娅的直播当下一款商品即将上架时，往往都会听到激情澎湃的一段话："直播间的宝宝们，冬季需要补水的女生们（人群）听好了，接下来上架的保湿补水面膜（商品）就非常适合你们哦！"仔细分析这句话，其实是通过客观需要来吸引粉丝的手段，重点在于冬季补水，这是每一个女孩在冬季都面临的护肤困境，只要提到这个问题，立刻就能引起她们的关注。

另外一种就是直接引发恐惧诉求，比如："直播间的宝宝们注意了，直播间里是不是有很多粉丝出现过洗头时一抓掉一把头发的困扰，不知道如何是好？如果有这种情况的粉丝，可以在弹幕中扣 1。要知道这种情况严重的话会出现 M 字头或者地中海，那么接下来这款防脱发液，可以完全解决你们的烦恼！"从脱发到地中海明显还有很长的一段距离，但如果不认真对待的话，恐怕难以逃脱此厄运，如果恐惧诉求充盈于有脱发风险的粉丝心中，如果不想最后变秃的话，那么解决办法是什么？当然是试试主播所推荐的产品了！

2. 商品详情全维度介绍

当成功引起直播间内观众的注意后，接下来就是商品上架的讲解环节。在讲解商品时，很多新人主播都会没有条理性地介绍商品卖点。试想一下，作为观众你是想听漫无目的的介绍还是一个"具有吸力的故事"？

这里给大家介绍一种"万能销售法则"FABE 模式。FABE 模式是由美国奥克拉荷大学企业管理博士郭昆漠总结出来的。FABE 推销法是非常典型的利益推销法，而且是非常具体、有高度、可操作性很强的利益推销法。它通过四个关键环节极为巧妙地处理好了顾客关心的问题，从而顺利地实现产品的销售。

F（Features）代表特征：产品的特质、特性等最基本功能以及它是如何用来满足我们的各种需要。例如从产品名称、产地、材料、工艺定位、特性等方面深刻挖掘这个产品的内在属性，找到差异点。特性，毫无疑问就是要自己品牌所独有的。

A（Advantages）代表由这特征所产生的优点：即（F）所列的商品特性究竟发挥了什么功能？是要向顾客证明"购买的理由"：同类产品相比较，列出比较优势；或者列出这个产品独特的地方。可以直接，间接去阐述。

B（Benefits）代表利益：即（A）商品的优势带给顾客的好处。利益推销已成为推销的主流理念，一切以顾客利益为中心，通过强调顾客得到的利益、好处激发顾客的购买欲望。这个实际上是用右脑销售法则时候特别强调的，用众多的形象词语来帮助消费者虚拟体验这个产品。

E（Evidence）代表证据：包括技术报告、顾客来信、报刊文章、照片、示范等，通过现场演示，相关证明文件，品牌效应来印证刚才的一系列介绍。所有作为"证据"的材料都应该具有足够的客观性、权威性、可靠性和可见证性。

FABE 法简单地说就是在找出顾客最感兴趣的各种特征后，分析这些特征所产生的优点，找出这一优点能够带给顾客的利益，最后提出证据，通过这四个关键环节的销售模式，解答消费诉求，证实该产品的确能给顾客带来这些利益，极为巧妙地处理好顾客关心的问题，从而顺利实现产品的销售诉求。

我们来举一个例子：使用 FABE 模式去介绍一款冰箱。

（F 特征）："这款冰箱最大的特点是省电，它每天耗电才 0.35 度，也就是说 3 天才用一度电。"

（A 优势）："以前的冰箱每天耗电都在 1 度以上，质量差一点可能每天耗电超过 2 度。现在的冰箱耗电设计一般是 1 度左右。相比较而言，使用这款冰箱一年下来可以为你省很多钱。"

（B 利益）："现在 0.8 元一度电，一天可以省 0.5 元，一个月省 15 元。就相当于省掉你的手机月租费了。"

（E 证据）："这款冰箱为什么那么省电呢？你看它的输入功率是 70 瓦，相当于一个电灯的功率。这款冰箱用了最好的压缩机、最好的制冷剂、最优化的省电设计，它的输入功率小，所以它省电。""这款冰箱销量非常好，你可以看看我们的销售记录。"

通过这些有理有据的 FABE 几个步骤，逐次渐进，相信就能当场打消大部分用户的疑虑了。

3. 引导成交的五步法则

主播在完成了引发关注、商品介绍和展示之后，最后一锤定音的步骤就是引导直播间里的观众下单购买。这里总结五步销售法助力主播完成最后引导下单操作。五步销售法分别为：

（1）打感情牌

比如，在卖一款防晒霜时，可以先引起用户的共鸣——紫外线强烈，宝宝们很容易晒伤，这样就能利用关心粉丝的健康来打感情牌。

（2）引申延展

在第一步的基础上，列举晒伤后处理的困难，引发大家担忧。

（3）把解决方案抛出

恰当地抛出这款防晒产品。

（4）推优势

基于本产品的优点，对比同类别产品，让用户感受到产品的优质。

（5）推价格

在让用户了解到产品的一系列优势后，给出一个性价比极高的价格。

通常来说，通过这渐进的五个销售步骤，大部分的用户都能立即成交。而这也是销售中非常通用的一种方式。

第四节　什么才是顾客们想听的？ 》》

相对于录制的短视频来说，实时互动的直播对于刚接触的人来说难度不小，尤其是直播时的聊天话术和技巧。很多主播觉得在直播间不知道说什么比较好，担心冷场，自己也很尴尬。

那么对于直播主播来说，怎么围绕产品讲解，既能提高产品成交率，又能避免冷场和尴聊？产品不同，面对的粉丝群体不同，直播聊天话术也不尽相同。你必须清楚地知道到底什么才是顾客真正想听的。

我们以美妆产品为例，详细地给大家讲一下直播时如何围绕产品讲解，提高直播间互动率和成交率。

在直播领域，美妆产品相较于其他产品来说其实是具有天然成交优势的。而且美妆产品涉及的介绍要点很多，这就让你在直播间里有足够的内容支撑。

介绍美妆产品，我们可以从用户需求出发，了解他们的痛点，基于直播间分享的产品优势（优势可以是使用效果、品牌保证、价格优惠、产品成分等）给出相应的解决方案。

第一个方向，品牌故事的介绍。

它可以包括品牌创立和发展过程中有意义的新闻，也可以是有关品牌创始人的，能体现品牌独特理念的，可以加强用户对品牌的认知，增强品牌的吸引力。

第二个方向，产品成分。

近几年大家对化妆品成分的关注度越来越高，很多人开始关心产品的有效成分是哪些。他们愿意为含有某种有效成分的产品而买单。比如含有氨基酸的洗面奶，含有神经酰胺、维生素 B 的舒缓修复乳液，含有胜肽、维生素 C、A 醇抗氧化的抗老精华或面霜。

直播的时候可以依照产品成分表，做好功课，以便在直播间内展开详细的介绍，击中用户的购买兴奋点。

第三个方向，产品功效。

很多直播主播大部分的时间都会放在介绍产品功效上，这些通常也是用户给予产品非常关注的一个方面。

但是在这里提醒主播千万不要夸大、虚假宣传产品功效，否则就有产品下架、直播被平台限流甚至封杀的危险。所以建议主播要以客观公正的口吻进行讲解。

第四个方向，产品展示。

产品展示可以展开讲解的地方有很多。它包含但不仅限于产品外观设计、产品质地、使用方法、使用效果、使用技巧分享等。

使用方法：可进行上脸手法的展示，外观特色的讲解等等；

产品外观设计：外在颜值以及这样的设计是不是能让使用者更方便等等；

产品质地：可以展示产品的水润、吸收程度、延展性等等；

使用效果展示：例如粉底、眼影都可以直接展示上妆效果，比较适用于明显的彩妆、洁面、卸妆等；

使用技巧分享：对使用技巧进行分享，可以边化妆边展示，一遍展示化妆步骤，同时植入产品，能够让粉丝更加直观的看到产品的使用效果。

第五个方向，使用感受。

可以从使用前皮肤是什么样的状态，使用后皮肤变成什么样的状态来进行讲解。真实地反馈给直播间的粉丝。

第六个方向，对比市场同类型产品。

可选择市场其他同类型产品，分析对比其不同，从而凸显你直播间产品优势有哪些。

第七个方向，突出讲解产品核心优势。

产品的直播间价格、安全有效成分、使用效果等都可以是它的产品核心优势。

由于直播间用户流动性比较大，可以尽可能反复多讲几次这些产品核心优势，以便照顾新来直播间观看的粉丝。

以上为美妆方向产品的介绍，但如果脱离了美妆产品的范畴，其他类型的产品该如何介绍呢？今天就给大家总结一下在直播间围绕产品可以讲解的几个方向。

不少人认为无论是卖什么东西，直播介绍时大力宣传就行了，根本没有必要去研究。如果直播卖货真的那么简单，那随便什么人都能带得动货。

拿淘宝直播举例，单品介绍的黄金时间是五分钟，五分钟内你不能吸引和说服观众，他们就会选择关闭直播间，转投下一家。同样的道理在短视频也适用，只不过短视频的内容需要在前 5 秒钟内抓住观众眼球。今天给大家分享的是直播介绍产品的常见逻辑、常见模版，并非唯一性，你也会看到很多并不按套路出牌的主播打破这个框架。

直播新人按照通用的逻辑去介绍产品，根据自己的节奏是可以的，没必要去完全模仿哪个大咖主播，毕竟每个人的基础条件是不一样的。那么，一个标准的直播产品介绍流程一般只要涉及四个步骤就够了：

第一个是品牌故事。

知名品牌是不用你去介绍的，大家都懂，哪怕不懂背后的故事，也知道那是一个品牌，品质一般来说是有保证的。有品牌的商品比没有品牌的商品在直播时要好卖得多，因此，尽量选择品牌商品去卖，它们最终的成交率区别是很大的。

如果手上恰好是没有什么品牌知名度的产品，我们就需要对品牌故事进行阐述了。在这个过程中最好使用感情牌，唤醒粉丝们的同理心，比如说说这个品牌创始人是怎样创立的，过程怎么艰辛，怎么有匠心，这个品牌在国内才刚开始推广，都有哪些名人在用等等。

当你适当地把一些品牌的故事亮点整理出来，并且口述出来，跟你完全不提这是个什么样的品牌，单纯一味地介绍产品成份和功效，给到消费者的认知感是不一样的。有句话叫"先入为主"，在选择某一类产品的时候，有品牌的总比没品牌或品牌不够响亮的更容易被客户所想起，品牌知名度和美誉度往往决定了用户的信任度和依赖度。

所以，哪怕是一个名不见经传的新品牌，都要经常在直播间中重复这个品牌的故事，包括商品链接进入产品详情页时也要讲品牌故事，不断地出现在消费者脑海中，加深印象。后面再介绍产品成份与功效，会显得有底气，消费者心里也觉得有保障。信任建立起来了，买卖就简单得多了。

第二个是产品卖点。

核心卖点其实只要一个就够了，其他的非核心卖点稍微提一下就可以了。这就好比兵法一样，伤其十指永远比不上断其一指。比如你卖一款面膜，市面上常见的推销面膜的套路就是各种宣传，说这款面膜既能美白，又能补水，还能消除皱纹等等，感觉样样都很强大，但用户仔细一品好像又没有什么真正特别的优势，这种眉毛胡子一把抓式的全面推销模式是要不得的。

在这里，如果你的面膜就只有一个核心卖点，那么就可以深耕细作了。比如我们的面膜美白功能很强大，强大的原因是因为有什么××因子之类的黑科技，而这些美白因子能够渗透到肌底，能清理掉皮肤毛孔的垃圾和黑色素之类的，跟市面上大部分的面膜不同等等。

只拿出一个核心卖点，再融入产品的基本信息，不但介绍了成份背后所采用的技术，对功效也进行了详细的描述，最后还拿竞品做了一下横向对比，以此进一步提高我们自己产品的卖点。至于材质，补水等卖点，稍微提一下就行了，不需要过多解释。

在这里，你要记住，越是专注，简单的描述，越能够让消费者记得住。

但如果是核心卖点不够吸引人的产品，那么综合性介绍反而合适，毕竟多方的优点突出的就是综合性价比高，但前提依旧是不要做虚假宣传。

第三个是使用场景。

　　直播购物的用户其实一直都有一个通病，就是没有明确的需求。他们往往是逛着逛着就发现自己貌似需要这个东西，于是就下单了，但买回来又会产生后悔的情绪，要么直接退货，要么挂在二手平台上，要么干脆闲置。次数多了，这些没有明确购物需求却又爱冲动下单的用户也会逐渐变得理性起来，所以当他们再逛带货直播间时就会有一个深思熟虑的过程，轻易不会下单。而这一部分用户就是我们要攻克的难关。

　　所以，我们必须学会使用场景描述，使用场景描述等于是给消费者一个买单的理由，让他们的需求被激发出来。比如一个微型电风扇，明明家里和办公室里都不缺空调和落地扇，根本不需要这个小电扇的存在，但主播在这个时候描绘出一种场景，比如上下班的路上，闷热难耐，有一个可以手持的小风扇降温，花费也不多，何乐而不为呢？仔细想想，本来只是一个生活中的小细节，几乎是每天都要经历的，花费一点小钱就能提升上下班路上的幸福感，那有什么理由拒绝呢，于是下单就顺理成章了。

　　像这种使用场景的描述可以是多个，因为你的产品所面向的消费人群也不只是单一人群，除了办公室白领，小电风扇同样适合学生族。

　　除了给消费者描述出他们的使用场景外，主播还可以阐述自己的使用场景，以及使用感受。比如一款小钥匙包平时能放钥匙、手机和少量的现金，只用一包全部搞定，出门再也不会忘带东西；如果是经常出差的话，也可以用这款包来进行收纳，它放在背包里面也不会占用很大的空间等等。这种过来人经验的使用场景阐述，真实感更强，也更有说服力。

　　第四个是优惠促销。前边铺垫这么多，该谈优惠折扣了，引导观众立刻下单，再给观众一个绝对的承诺，例如"这个秒杀价只有今天有，过时不补"！往往这种紧张气氛一旦营造出来，很多已经心动的用户基本都能快速下单。

　　有一个细节需要注意：有些主播喜欢一次性把所有商品的链接都挂上，好处是观众会在看直播之余，随便逛逛，这些商品也都能得到流量曝光，坏处是不利于主推爆款，繁多的链接让人找得头晕眼花，客观上提高了下单的门槛，而且在对比了其他商品之后，也很容易分散注意力，忘记自己本来的目的。

有些主播是介绍完一个商品，再上链接，接着立刻做秒杀。坏处是当场直播的其他商品都需要挨个介绍，单靠主播介绍不一定能保证流量曝光；好处是有利于促销。

如果单纯是为了搞优惠促销，建议采用第二种主播的方式，前提最好是之前的产品介绍已经很到位。

另外的，关于产品介绍还要注意不要急功近利，很多卖家往往急于求成，一味地去做推销，这样容易引起用户反感，不能很好地释放直播的带货力。那么，我们究竟该如何做好产品介绍呢？

一、关于内容

产品介绍中，我们需要围绕以下 3 个问题来展开：

1. 我们的产品有哪些功能；

2. 我们的产品能解决用户的什么问题；

3. 我们的产品与竞品相比有哪些不同之处。

为了增强产品介绍的说服力，一方面，我们要做好产品功能与用户痛点的匹配。匹配越精准，越容易让用户对产品产生好感；一方面，我们要借助数字的力量。简洁明了的数据可以将产品的功效进行量化展示，给用户最直观的触动；再者，我们还要讲究内容的逻辑性。逻辑性和说服力是相辅相成的，一般来说，具有逻辑性的产品介绍都是按照"提出问题—分析问题—解决问题"的三大步骤来呈现的；此外，我们还要学会"背书"，这里的"背书"既可以是行业荣誉，也可以是成功的产品案例。

二、关于语速、语调

产品介绍中，我们一定要注意对语速的控制。控制语速的目的是让用户能够清楚地了解我们传达的信息要点，一般来说，语速可以保持在 130 字/分钟上下。

语调，就是声调高低抑扬轻重的配制和变化，包括声音的高低、快慢、长短和轻重。一般来说，涉及重要的信息点上语调要高一些、慢一些、重一些，次重要的信息点要低一些、快一些、轻一些；表达积极情绪的时候要高一些，表达消极情绪的时候要低一些；长句的结尾声调要长一些，短句的结尾声调要短一些。

此外，我们还要注意语气的停顿，停顿既能将不同的内容进行区隔，又会给用户留出思考时间。按照性质的不同，停顿可分为语法停顿、逻辑停顿、感情停顿和生理停顿，这需要我们在直播中不断摸索和探寻。

三、关于肢体语言

因为是直播，肢体语言也是产品介绍时应该考虑到的环节，肢体语言对用户的影响同样不可忽视。我们通过仪表、姿态、神情、动作等，可以将自己的指令、意向传达给用户，以达到影响和支配用户的目的。

直播中，为了给用户一个良好的第一印象，我们首先要注重姿态。无论是站还是坐，都应该挺胸，收腹，双腿伸直，双脚打开，比肩略窄，如果是女生可使用丁字步或者前后错步，既优雅又显腿长。

除了姿态，我们在产品介绍过程中要注重手势的运用。不同的手势感染力是不同的，统计显示：腰部以下的手势气场最弱，感染力最差；脖子和腰部之间，手势越大，气场越强；脖子以上，气场极强。我们要配合不同的内容调性，合理运用手势。

第五节　如何放大产品的优点？ 》》》

直播是做内容营销，而不是做单纯的产品售卖，所以产品至关重要。但作为一个主播可能每场要带的货都各不相同，有时候货物品牌好容易带一些，有时候货物品牌较弱，就相当难带。那么我们在遇到某些比较棘手的货物时，应该怎样放大产品的优点呢？我们其实可以试着从以下几个方面寻求破局：

1. 需求引导

联系产品在生活中有哪些适用的场景、功能，生动地描述出来，与粉丝产生互动。这样做的好处是能够利用用户自身的想象力，为其构建一幅美好的画面，激起他对货品的购买欲望。

2. 产品简况

由外到内，详细解说产品的产生、用途，并分步骤描述其包装、规格、成分、色彩、触感、口感、功能以及使用时的体验等等。这是介绍中不可缺少的一环，通过专业详尽的介绍，哪怕用户对于其中的一些专业性知识听不太懂都没有太大的关系，毕竟你的专业叙述能从态度上打消他们的疑虑。

3. 产品品牌

知名度和线下实力，打造可信度与品牌形象。这个前文已经分析过了，名牌比非名牌好，有牌子比没牌子好，如果品牌实在处于劣势，可以多使用感情牌。

4. 店铺详情

介绍店铺自身优势。主播需要提前熟知店铺运作规则，客服售后等，扬长避短且客观反应店铺优势，这样只要售后有保障，在现在允许无条件退换货的大环境下，很多用户都愿意尝试一下。

5. 产品卖点

逐一罗列产品的优势及功能，体现出主播的专业度，让产品的卖点凸显，清晰。

6. 深挖优势

选择1—2个最突出、最能打动人的产品优势进行深度讲述，或者结合直播间粉丝的喜好反馈进行讲解。这个前文也有描述，应该根据产品来作出相应的调整。如果是核心卖点突出，就应该围绕核心卖点强力出击；如果核心卖点不算突出，但性价比高，就应该全面介绍，彰显性价比的优越。

7. 用户评价

说出用户对产品的评价描述，最好说出用户的名字，以提高真实性以及对用户的重视度。在这里选择用户评价也需要用心，应该引用那些较为客观，但总体评价较好的言论。

8. 直播优惠

粉丝分层，任务奖励，让你的粉丝感受到专属地位和独有实惠。这是主播留粉固粉的重要手段了，通过福利派发等手段能有效拉近和粉丝的距离。

9. 限时限量

用坚定的语言让粉丝感受到产品的稀缺，采取粉丝专属、限时抢购、限量优惠等策略，促成交易的快速达成！

第六节　直播的话术 》》

要想直播效果好，直播带货话术少不了。

虽然每个主播都应该有自己的风格，不能人人都模仿李佳琦的"oh my god"，也不可能都做到像薇娅一样 3 倍速播报产品。但是，在大主播们的直播间里，还是有一些话术可以学习的。

1. 留人话术

直播间没有人，再好的产品也是白搭。直播间话术的第一要义就是：留人。

留人顾名思义就是要留住直播间里的粉丝，提高直播间的留存率，也有助于增加直播间的推荐流量。留人话术主要有两点：

1）福利诱惑

利用各种福利、抽奖活动留住观众和意向客户。比如薇娅直播的标准开头"话不多说，先抽一波奖"。

除了开播之初，直播过程中各种秒杀、抽奖、买赠都要安排。大概5~10分钟重复提醒一次，用福利来留住大部分粉丝。

2）及时回答粉丝提问

在直播间里提问的，一般都是极其精准的客户。这时候主播就要及时充当客服的角色，尽快回复粉丝的提问，同时再加上福利话术引导，来促进成交。

对于不能及时回复的粉丝，一定要及时安抚，总之记住一个关键词：细致耐心。

2. 互动话术

因为并不是人人都拥有李佳琦、薇娅那样的魅力，要留人促进转化率，就必须让直播间粉丝参与进来，跟你聊天互动。

在开播时，要基于开播目的，尽量引导用户进行有效互动，点赞、评论、关注，相对来说是最简单，也是性价比最高的。

简单易上手的评论区互动技巧举例：

1）提问式互动：这款××你们用过吗？

2）选择题互动：想要 a 款的打 1，要 b 款的打 2。

3）刷屏式互动：没吃过这个的在评论里打"1"。

3. 产品介绍话术

产品介绍是直播带货话术里面最基础，同时也是最重要、最影响转化率的。

如何做好产品介绍直播带货话术，提升直播间转化率？

1）产品举证

出示产品可信证明，证明产品靠谱。包括但不限于：销量截图、网友好评、网红推荐、官方资质、专家认证等。

比如："这个××，在我的直播间已经卖出 3 万多份了……"

2）专业+场景化介绍

从产品的功效、成分、价位、使用效果、使用人群等多维度介绍产品，越专业越有说服力。

除了专业，场景感也是影响直播间粉丝是否愿意为你的直播买单的重要因素之一。最简单的方法就是多用比喻句，把虚的比喻成实的，实的比喻成虚的。

比如李佳琦在推荐香水与口红的时候，是这样说的：

"恋爱中的少女，开心地去找男朋友，那种很甜的感觉。"

"爱玛仕在你的嘴巴上。"

"嘴巴很贵的颜色。"

"啊，好闪！五克拉的嘴巴！"

4. 成交话术

成交直播带货话术核心要点有 3 个：

1）打消疑虑

比如薇娅在推荐产品时，经常会讲家人、工作人员使用过的经历；还会在直播间展示自己的淘宝购买订单，证明某款产品是"自用款"。还要描述出产品的使用需求和购买需求，双管齐下，启发用户的购买欲望。

2）价格锚点

网购时，经常会看到这些现象：

某商品建议零售价为 29 元，实际却仅售 19 元；

商家经常划掉原标价，然后再写一个优惠价；

而实体小商铺喜欢开一个高价等我们还价。"原价"就是商家设置的"价格锚点"。我们都知道这件产品就只值 19 元钱，但是感觉上是占了便宜。这就是著名的锚点效应。

比如：天猫旗舰店的价格是 79.9 元一瓶，今天晚上买 2 瓶直接减 80，相当于第 1 瓶 79，第 2 瓶不要钱。

3）限时限量限地

限量：制造稀缺感，其实也是销售促单的一种常用手法。比如：今天的优惠数量有限，只有 100 个，卖完就没有了。

限地：今天只限在我的直播间有这个价格，其他地方都没有这个价格。

限时：倒数 10 个数，限量抢购就开始，卖完就下架。

5. 结束话术

一场直播快结束时，一定要预告下一场直播的时间、产品、福利。甚至直接告知观众某款产品具体的上架时间段，方便一些不能一直坚守在直播间的粉丝购买。

直播带货话术本身的作用不是机械式地复述，而是有技巧地引导、互动和促进成交。

用一轮轮惊喜轰炸的方式让用户产生一种"不买可能真的要吃亏了"的心理。

最后，如果你想做好直播带货，一定要跟着顶级高手学，多观摩李佳琦、薇娅等直播达人的直播，关注淘宝抖音排名前 20 的主播，不断学习行业标杆的带货话术。

第六章

挖掘直播带货的潜在需求

第一节　剖析粉丝类型群体 》》》

目前的视频直播时代，粉丝经济的主体多元化、情感货币化导向愈来愈显眼，相互之间的"粉与被粉"对直播带货有着完全不同的影响和作用。

其实在直播电商中，主播与粉丝之间存在四种关系模式。分别为：

1. "线上销售—顾客"传统类关系

2. 建基于货品的"意见领袖—粉丝"关系

3. 建基于内容的"意见领袖—粉丝"关系

4. "偶像—粉丝"关系

在 2020 年新冠疫情防控期间，直播电商释放出巨大的消费潜力，助力复产复工，成为社会关注的热点。在此背景下，我国直播电商用户规模迅速增长到 2.65 亿，占网民整体的 29.3%。李佳琦、薇娅等头部主播一跃成为市场的宠儿，其所聚集的粉丝数量和购买力令人惊叹，粉丝经济成为直播带货热潮中不可忽视的一环。然而，直播间中"粉与被粉"的关系并不是单一的。由于直播电商糅合了视频直播和电商销售两种功能和场景，"主播—粉丝"之间的关系建构存在一定的复杂性，粉丝经济在其中的作用也存在显著差异。

1. 粉丝经济概念的源头

粉丝经济（Economy of Fandom）一词起始于 1992 年约翰·费斯克《粉丝的文化经济》一书。费斯克发现对于文化产业来说，粉丝是一个产业外的额外市场。因为粉丝的存在，他们不仅经常大量购买相关的"衍生"产品，而且提供了许多宝贵且中肯的有关市场趋势和偏好的反馈，并与文化工业设计争夺话语权。

而具体到中国，粉丝经济经到目前已经经历了三个阶段。

第一阶段，兴起于 2004 年湖南卫视选秀节目《超级女声》。那个时间点是粉丝经济第一次在中国落地的有力表现，并且在之后有了一段快速的发展时间。在那个时候偶像定义集中在明星主体上，粉丝相互之间连接较为松散，粉丝经济变现模式也较为单一，主要依托明星的唱片、影视产品以及其他衍生物的销售。

第二阶段，自 2009 年起，许多带有互联网思维的创新产品和服务出现，产生了品牌粉丝的概念，"品牌社群"也逐渐被重视，以小米为例。此时粉丝不仅体现在购买环节发挥能动性，更对产品的设计、生产和传播环节都产生了影响。社交媒体的繁荣也让粉丝与被关注者开始双向互动，粉丝只能仰望偶像的关系被重新塑造。

第三阶段，自 2014 年起，依托社交媒体的粉丝社群从一个亚文化圈层逐渐升级为生产性的组织。开始有意识、深度地参与文化产业链的各个环节，其生产性已经不再局限于内容的再生产，而转变为真正意义上的"生产型消费者"。

换言之，他们不仅是消费者，还是被消费者：粉丝社群的传播能力和消费能力构成了产品本身，足以置换资本和创造经济价值。粉丝对明星、网红、品牌等相关产品和服务的消费和传播不仅是为了满足自身的情感需求，更是为了再生产明星、网红、个人品牌和产品品牌。而依托社交媒体平台，粉丝与偶像、粉丝与粉丝、粉丝与品牌之间能够形成高效的协同和一致性的行动，粉丝社群作为一个边界模糊的组织结构进行互动和博弈，在宏观层面争夺着话语权。

不论是依赖个体号召力的粉丝经济、以品牌为核心的粉丝经济，还是以文化生产为主的粉丝经济，都体现出了比如情感导向、关系依赖和用户参与等特点。

首先，粉丝是对消费对象投入最多情感的群体，不同于普通消费者更加偏向实用功效和理性决策，多个研究都表明粉丝的情感承诺显著影响他们的消费决策。

粉丝往往会在迷恋对象上投入更多的时间、精力和情感，关于迷恋对象的每个消费元素在粉丝心中都有特殊意义。无论是通过购买偶像代言的产品来佐证自己的热爱，还是将品牌符号奉为一种信仰，粉丝们都在消费中倾注着自己的情感。粉丝基于情感关系的消费甚至可能带来"边际效用递增"的馆藏式消费行为。

第二，粉丝经济极大地依托社会网络中的关系与连接。这种关系不仅是明星、网红、品牌与粉丝之间一对多的中心化关系，更是粉丝之间、明星、品牌、平台各主体之间的相互交错与融合。比如粉丝之间的关系对消费行为的影响甚巨，不论是粉丝社群还是品牌社群，个体的消费、忠诚度很大程度上受到社群之间的情感和归属感的影响。网红也往往是沟通粉丝和品牌之间的桥梁，其影响着消费者对品牌的感知和购买。

第三，在不同类型的粉丝经济中，粉丝的积极性参与都有其显著特征。例如与品牌的产品共创、参与网红的内容制作与传播、参与明星的打造等。在粉丝社群的积极参与下，双方都从中创造出更丰富的价值。

2. 视频直播时代粉丝经济的特征及其表现

近十年来视频直播的兴起使粉丝经济的模式日趋成熟和多元化。从 PC 端到移动端，从秀场直播、游戏直播到电商直播，从最初的"直播+虚拟礼物"到"直播+电商""直播+服务""直播+广告"等，新的商业模式正逐步完善。

视频直播的即时性、沉浸性、交互性等多重特征造就了粉丝与被关注者"相互依存"的场景。该场景下的粉丝经济的情感导向、关系连接和用户参与的特质进一步增强，与此同时也出现了一些新的变化。

首先，被粉者的身份日趋多元化。通过直播，越来越多的素人开始收获一定规模的粉丝。粉丝和被粉者之间的关系越来越接近，也越来越平等，甚至出现地位的倒转。

如果说明星们往往是粉丝理想自我的投射，那么草根出身的主播则往往更接近于粉丝现实中的自我。相比于高高在上的明星来说，主播们对于粉丝来说可能心理距离更近。相对于"追星"，直播这种"面对面"的交流对于粉丝来说更加充满吸引力。

其次，直播间的情感互动更有赖于粉丝和被粉者的共同努力，这不仅仅依赖于直播间粉丝们单向的付出。由于主播与粉丝的心理距离较近，粉丝情感又与经济回报直接挂钩，主播必须回报给粉丝相应的价值，在直播中往往体现为更高价值的内容信息、更多的互动、给予粉丝更多的掌控权和售卖产品中更优惠的价格等等。这就要求主播积极构建互动的氛围。

最后，情感、关系与消费之间的连接越来越紧密，也形成了更加直接的商业模式。在中国娱乐市场，明星是无法在 2C 端获取粉丝的直接经济回报的，而他们只能通过片酬、品牌代言费用等方式获得 2B 的回报。

因此明星粉丝表达情感的方式往往通过购买明星代言或者传播包含明星内容的产品来间接实现。传统的网红也常通过广告或自创品牌来完成粉丝的间接变现。但在视频直播的商业模式中，粉丝们使用虚拟礼物给主播打赏，主播直接面对粉丝贩卖内容信息或情感，以实现自身和平台的盈利，其产品属性更为明显。

同时，这也意味着在视频直播时代，情感和关系被更加直接地以货币来量化了。如秀场直播中，粉丝消费虚拟礼物打赏主播的过程，就是一种粉丝与主播、粉丝与粉丝建立社会关系的过程，也是粉丝表达情感的过程。

例如游戏直播中的游戏竞猜、组队、抽奖等，一方面增加了主播与粉丝之间的互动和情感；另一方面也带来情感的变现，这使得视频直播的粉丝经济成为经济规范和社会规范相融合的产物。

3. 粉丝经济对直播带货的影响

直播带货作为视频直播技术的一个应用场景，既具有其他类别直播的共性，也拥有电商的独特一面。从电商的角度来看，直播带货的本质是内容营销。在传统电商中，消费者面对的是货品，而在直播的场景中，"人对货"转变为"人对人"，这意味着原本隐藏在品牌和企业背后的人格特质越来越成为影响消费决策的显性因素，"人"成为愈发重要的节点，如格力电器转身就变为"董明珠的微店"。人际关系在直播带货中发挥着越来越重要的作用。

正是由于直播电商同时包含着内容属性和产品属性，对于主播与粉丝的关系较单纯的直播而言也变得更加复杂多样。根据研究发现当前的直播电商中主播与粉丝之间基本存在 4 种关系模式。

（1）"线上导购—顾客"关系

线上导购与顾客之间的关系是直播电商中最常见、最浅层和最传统的关系。淘宝平台上超过七成以上的店铺直播、代购中的"主播—粉丝"关系大多属于这类。在这一类型中，"主播—粉丝"关系与传统销售中的"售货员—顾客"关系本质一致。

主播的直播间塑造了一个购物的场景，商品陈列增加了粉丝的体验感。主播将直播间观众视作销售对象，观众将主播视作销售员；直播间已放置所有产品的链接，主播会对每一个待卖的产品进行详尽地展示与解说，粉丝在进入直播间或找到心仪的产品后，会向主播进一步询问产品信息和专业建议，主播在答疑之后，还能主动延伸话题，进行更加全面地讲解。

（2）基于货品的"意见领袖—粉丝"关系

当主播不断带来更好的货品，粉丝长期在主播的直播间"蹲守"、不断复购时，主播与粉丝之间的连接就更进一步，形成基于货品的"意见领袖—粉丝"关系。在这种关系中，主播的个人魅力并不是吸引粉丝最重要的要素，其所销售产品的优越性成为关系链接的核心。

这种关系典型的案例就是薇娅和她的铁杆粉丝们。薇娅带货其实从传统直播的角度来看并没有那么"有趣"，其之所以能成功，主要是靠强大号召力所带来的商品折扣支撑，由此她也被称人戏称"人肉聚划算"。

而薇娅庞大的粉丝量和粉丝购买力能够形成集中采购效应，成为她与品牌价格博弈的坚实基础；而品牌给予的较高折扣又能够让粉丝获得实惠，进一步加强主播与粉丝间的信任关系。

"全网最低价"和团队的严格品控，让粉丝在购买时几乎不用再费事做其他比较，直播间抢购氛围也减少了粉丝的犹豫。不过，相较李佳琦与粉丝的关系，薇娅和粉丝的关系稍显疏远，其实用价值远大于情感价值。

虽然薇娅的粉丝对其信任感较强，但各社交媒体平台上很少有薇娅的粉丝群体聚集，多数用户只在需要购买时点进直播间，而不会对薇娅本人付出过多情感。换言之，当有一天薇娅无法拿到全网最低的折扣时，她可能面临粉丝大规模流失的危机，而这也是此类模式存在的先天不足。

（3）基于内容的"意见领袖—粉丝"关系

基于内容的"意见领袖—粉丝"之间的关系构建有两种路径：一类是原本基于货品的意见领袖开始在直播中加入内容（包括综艺和情感交流），以减弱销售属性增加直播的可观赏性、社交陪伴和社群归属感，使得主播与粉丝之间的关系更进一步；目前，薇娅就在努力向此路径转移，但目前看效果并不算明显。

而另一路径则是原本基于内容和粉丝形成强关系的意见领袖开始通过直播进行产品销售。

（4）"偶像—粉丝"关系

"主播—粉丝"之间的关系紧密到一定程度，就会越来越类似于明星与其粉丝社群之间的关系。粉丝不仅是主播带货的消费者，更会主动在社交媒体平台上集结为自组织，成为主播个人品牌价值的生产者。

粉丝通过主动参与和消费再生产了偶像的个人价值。直播带货中，这一逻辑同样存在。头部主播常常会请明星（尤其是流量明星）来坐镇直播间，因为明星的粉丝不仅为了自己的情感来观看直播，还会为了再生产偶像的商业价值进行更多的消费和传播。

每个主播或多或少都拥有这四重关系，只是比重不同。比如薇娅虽然更偏向于基于货品的意见领袖，她也有一些热情的粉丝将其作为偶像来追寻。李佳琦虽然越来越明星化，但也有大量的消费者仅仅将其作为一个优秀的线上导购看待。同时，随着偶像与粉丝关系的深入，对主播的能力要求也越来越高，越来越难标准化培训。

直播带货的成功与否，从多个角度反映出主播与粉丝的关系类别。在"粉与被粉"的四重关系当中，随着关系越来越深入，主播的人格魅力所起到的作用就会越来越大，而这正是互联网粉丝经济中非常重要的特性。

第二节　注意互动——倾听粉丝的声音 》》》

分析了粉丝类型，就要吸引粉丝提升黏性，该怎么做才能按部就班地达成目标呢？我们可以从以下几个方面来分析和着手。

1. 基于本地用户的直播

基于同一时间在不同地方的本地用户社区的实时广播，以及不同地方的服务者通过社区将直播信息推送给各自商店的顾客，两者之间并不会发生冲突。

不同的现场直播用户不同，不同的地区语言和环境也不同。主播不仅会谈论产品，还会与用户分享他们的生活。例如，在疫情期间，每个人都互相鼓励，并提醒彼此注意安全。

2. 增加粉丝在直播室停留的时间

想要提升粉丝在直播间的停留时长，主要是与用户长期保持着相对较好的黏性。以前一直专注于内容输出，通过内容吸引了一群用户，让用户感到非常专业，并形成了一个良性的熟人推荐机制。现在，与用户更多地聊天，并传递更多的个人价值。

3. 主播的专业程度

在直播过程中，主播需要及时回应直播间观众提出的问题。其中，有些是相对专业的问题，例如，化妆品的成分等；有些只是因为网友的犹豫不决，例如，这种口红适合我吗？主播需要专业、周到的方案来解决这些问题。例如，李佳琦的多年工作经验使他能够在推荐口红时给出非常专业的建议；薇雅在服装搭配和选择上也具有独特的审美。

4. 账号矩阵

拿快手举例，很多快手的主播主号发展之后，还会建立很多小号。然后，大号与小号之间相互打榜、引流，不断积累粉丝。粉丝越来越多，有的主播还会发展社群，或者收徒等来建立账号矩阵，把流量的好处利用到极致。

5. 形象化表达

在线购物与离线购物之间的一大区别是，在线购物只能看到，摸不到，也肯定试不了，购物体验相对较差。因此，在线购物至关重要的是，主播具有可视化并显示其对产品的感受能力。互联网名人的可视化功能包括商品展示功能、描述和表达能力等。在描述和表达方面，主播需要运用生动的修辞手法，例如隐喻，面部表情和身体动作，以清晰地传达体验后的种种感受。这样，虽然顾客不能亲身实践，但也能从描述中获得一定的信息。

6. 让粉丝感到有亲切感

交互是直播的主要优势，通过及时的互动传递信息并在主播和粉丝之间传达情感。例如，欢迎新粉丝进入直播室，并回答网民有关产品的问题。在直播过程中，主持人和粉丝通常互动非常频繁。就像淘宝的"专业人士"所说，许多主持人称其粉丝为"宝宝们"已成为现场直播和商品的代表性词汇。

7. 营造现场直播气氛

观看直播时，用户需要感受到主播的热情和购物氛围。主持人需要在直播期间保持热情。在介绍产品时，不仅要涉及产品的功能，适用人群，还需要重复说明。用夸张的口语和清晰的声音来传达产品的价值，并给出优惠理由，最后使用提醒机制（仅剩××个订单，现在购买和发送××，10、9、8……3、2、1之后，如果您不购买，则介绍下一个产品）以实现用户的购买，并让用户有意愿继续观看和互动。

第三节　犹豫是带货直播的大敌，如何打消？ >>>

心理学家罗伯特·B. 西奥迪尼博士在《影响力》中为我们解释了隐藏在冲动地顺从他人行为背后的 6 大原因。了解这 6 大原因对直播带货的开展是非常有启发的，作为带货主播最怕的就是口水都说干了，但粉丝虽然心动但还没有达到购买的程度，这最后的临门一脚让很多主播内心抓狂不已。这里，我们可以通过学习一些人机交互中的基本原理来打消粉丝购物的犹豫心理。

NO.1　互惠原理

互惠：指的是人家给了我们好处，我们应当尽量回报。

中国有句俗话："吃人嘴软，拿人手短。"我们从小被教育要懂得感恩，任何人都不希望别人说自己小气。

所以互惠原理能用作获取他人顺从的有效策略，有些要求要是没有亏欠感，一定会遭到拒绝的，可利用互惠原理，你会很容易让别人点头答应。

具体到直播带货来说，通过一些福利的派发和热情的互动能有效建立起主播和粉丝的联系，如果你让粉丝获得了一定的好处，或者比较特别的关照，那么她有可能投桃报李，在互惠原则的指引下下单。

NO.2　承诺和一致原理

承诺和一致就是要与我们过去的言行保持一致的愿望。

比如我们在向朋友介绍一个自己感觉不错的品牌之后，可能变得更加忠于这个品牌；对于自己选择要嫁的老公，尽管吵架后有人训斥其不好，老婆还是会不自觉地去维护；对于选秀明星，我们经常在选定一位投票之后，会一如既往地支持等等。

在我们的传统道德文化里，保持一致是一种最具适应性、最受尊重的行为。前后不一通常被认为是不良的品行。所以，尽管有时候虽然心里知道不对，但是在这种保持承诺与一致的力量驱动下，还是会坚持到底。

在这里针对具体的直播带货来说，介绍产品不能过于浮夸，同时售后的承诺必须说到做到。如果你能保持承诺一致原理，那么就能有效打消粉丝的后顾之忧，就算不合适，退货就是嘛。虽然这样销售出去的货品有被退货的可能性，但只要不是太高价格的货物，而货物本身也没有太大毛病的情况下，对于大多数用户来说，就算不合适，也很有可能放弃退货。当然了，那些依然选择退货的用户，你也必须处理好相关的后续问题。

NO.3 社会认同原理

沃尔特·李普曼说，当大家都以相同的方式去思考时，没有谁会想得太认真。社会认同原理指出，我们进行是非判断的标准之一就是看别人是怎么想的，尤其是我们要决定什么是正确行为的时候，我们会把多数人都去做的事情看成是正确的。

我们都知道，在一般情况下，根据大众经验去做的确可以使我们少犯很多错误，这为我们决策提供了方便及捷径。

如人们在购买书籍前，经常会看专家的推荐列表；购买衣服时，喜欢看有关评论；出门旅行时，经常会咨询身边朋友。

具体到直播带货中，社会的认同性原理可以理解为人群的带动效应，如果有人率先购买了而货品又有限的话，其他人有可能被这一行动感染，立马下单。按照直播的专业术语来讲，这叫做"带一波节奏"。

NO.4 喜好原理

人们总是愿意答应自己认识和喜欢的人提出的要求，这就是喜好的原理。

我们经常会下意识地把一些好的品质加到外表漂亮的人头上，像聪明、善良、诚实、机智等等。

尽管我们不太承认，但是不管作为普通消费者，还是营销者，我们可能都曾应用过喜好原理或被喜好原理利用过。

在营销和销售的过程中，这些方法屡试不爽，但是也越来越容易引起反感。想想我们对身边做保险业务的熟人往往敬而远之，就知道负面的作用有多大了。

而在直播带货的环境中，喜好原理就和主播的人设以及标签息息相关了。如果你带货已经形成了口碑，在顾客犹豫不决的时候可以举出自己直播间的实证，应该会有其他粉丝为你作证，那么在这样的环境下，疑虑很容易打消。

NO.5 权威原理

权威原理就是指深深植根于我们心中的对权威的敬重感、服从性。

权威毫无疑问在营销过程中一直非常奏效，但是由于权威的造假，大众对待权威的态度更为谨慎，而市场营销者需要确保如何使消费者信服权威。

在直播带货的环节中，对产品品牌的介绍、对粉丝展现自己专业的形象都有助于权威形象的设立。

NO.6 稀缺原理

稀缺原理是指让害怕失去某种东西比希望得到同等价值东西对人们的激励作用更大，更能使说服我们。就是所谓的"机会越少、价值就越高"。

我们对稀缺原理最直接的应用也许是"限时、限量"策略了，如果在营销过程中，可以巧妙地让消费者意识到不这么做将会失去什么，比告诉消费者这样做可以得到什么，营销效果会更好。

在直播带货环节中，很多主播喜欢设置秒杀、倒数等环节，这一是为了直播效果，烘托氛围，二来则符合稀缺原理的设定，只有在货品稀缺的心理暗示下，顾客的疑虑才能在当时的氛围中得到有效的缓解，进而促成下单的决定。

掌握了以上营销的六大原理，你就可以全面了解客户心理，进而促进成交。

第四节 促销攻心计 》》

直播带货要创造销量佳绩，日常的直播带货可以看作积累的过程，这个积累包括积累粉丝、积累口碑、积累品牌，当你度过艰难的新手主播时期，是否想要更进一步呢？那么，我们就要进入直播带货的下一个阶段了，即促销活动阶段。你要知道，目前几乎所有直播带货的奇迹基本上都和促销紧密相连，与日常带货直播不同的是，在特别时期的特别直播带货活动往往能创造出与平时截然不同的爆炸性业绩。这即来源于商家对于特殊节日（如电商节、春节等）的销量要求，往往这个时候他们会有拿出足够多的优惠希望创下销售佳绩，同样粉丝们也会释放长久以来积存的购物欲望。而这种促催活动正巧是很多腰部主播向头部主播发起冲击的最好时机。

我们先来看看促销的形态问题，在这里，我们可以把促销类型总结归纳为两个大类：第一类是单品促销，手法包括买赠、限时购、特价、预售、加价购；第二类是多品促销，包括满减、满赠、满件折、套装。

9 种常见的电商促销方式：

买赠：提高新品认知率/提升支付转化率

限时购：提高限时商品下单率

特价（立减/直降）：减少库存量

加价购：连带销售，提升带货率

预售：提高用户粘性、进行市场调研

满减：提升客单价

满赠：促进从不买到买，提升客单数

满件折：清库存，提升客单数

套装：连带销售

一、单品促销类型都有哪些？每种类型的目的是什么？

1. 买赠

（1）定义

即通过向消费者赠送小包装的新产品、金额较低的小件商品、买 x 件则送 x 件等形式，使消费者快速地熟悉企业的产品，刺激他们的购买欲望。让产品迅速打开市场，为企业赢得稳定的利润。

（2）目的

总结归纳是提高新品认知率，提高支付转化率。但依据赠品的形式不同，目的也不同。下面我们展开来说：

A：赠品是新品

目的：提高新品认知率。卖家通常会推出试用装，迷你装，让用户尝试性使用，不会单独在市场销售，这样可以避免定价冲突的问题。

这样做，一是带动销售，二是测试市场反馈。前者会捆绑大销量的产品推出，投入的成本比较大且不太好监控效果数据。后者是向小范围市场投放，会锁定一定的市场范围用来做数据样本。比如在北京投放样本或者在某个店铺投放样本，再看该店铺的回购率以及用户的评价。

B：赠品是金额较低的小件商品

目的：提高支付转化率。用户在购买商品时，以另外有价物质或服务等方式来直接提高商品价值，其目的是通过直接的利益刺激达到短期内销售量的增加。

赠送金额较低的小件商品能给买家带来实惠的感受，分为 2 个方面：一是物质实惠，一定面值的货币能换取更多的同质商品，无论什么样的买家都很乐意。二是精神实惠，也就是买后的顾客心理反应。这种实惠加深了顾客对该商家的印象，有利于加深商品的竞争力，为在有机会的情况下，有目的地开展赠品促销提供了策略的大环境。

这样做的好处在于给用户以很划算的感觉，刺激用户，增强购买欲。此种形式在同质量同价格的商品想促进更多销售的场景使用。如在淘宝买衣服的时候，会赠送一双袜子，同样价格的商品赠送商品的就会比不赠送的卖得好。

C：赠品是买×件送×件同一商品

目的：提高支付转化率。卖家对于一些滞销的产品可以通过买×件送×件同一商品的方式进行清仓销售。有一些商品是有淡旺季的，可以通过这种方式在淡季时候吸引客流。

在商品清库存，或增大销售量的场景时使用。如大家去超市买东西，经常见到酸奶区有包好的买2送1，或者买3送2。

2．限时购

（1）定义

限制在某个时间段内购买。限时抢购又称闪购，英文 Flash sale，起源于法国网站 Vente Privée。

在国内，限时抢购模式兴起于2008年。2008年12月，唯品会率先从法国引入限时抢购模式，并迅速发展壮大，成为中国限时抢购领域的领头羊。

（2）目的

提高限时商品下单率，提高支付转化率。一般限时购的商品种类比较丰富，同时也会推出一些名牌商品，刺激消费者购买。

在时间上，限时购营造了紧张的氛围，每场推出的时间短暂，一般是2个小时左右，先到先买，限量售卖。折扣较低，以商品原价1—5折的价格销售，折扣力度大。

（3）使用场景

前几天同事和我说想买个刮胡刀，觉得有些贵，没舍得买。后来无意中在限时购发现这款商品，比正常价格便宜了80元，他果断下手了。

其实我们思考下，如果一开始就减少80元的价格，他也未必买，因为觉得贵。但是当看到了比原价减了80元后，他就果断买了，这就是限时促销的魅力。

3. 特价

（1）定义

同一个商品比市场价格要低。

（2）目的

减少库存量，提高支付转化率。以较市场价偏低的价格，接近成本的价格，在同种商品中脱颖而出，对消费者更具吸引力，更有号召力，从而占有更大的市场份额。

成规模的商家往往主打价格优势，以特价的形式，赢得自己的市场空间，在竞争激烈的市场空间中，薄利多销成为众多商家制胜的法宝。

（3）使用场景

特价就是划线价后的价格，一般想在某个时间段清库存或回馈用户时推出。

经常买面膜的女生有感受，平常可能这款面膜是100元，但是某个时间段会搞特价活动，价格比日常低。随着消费升级，在"特价"的基础上，有一部分平台又新增了一些限时特价、限量特价的玩法。

4. 预售

（1）定义

在产品还没正式进入市场前进行的销售行为。

（2）目的

提高用户粘性，进行市场调研，避免批量化生产造成浪费。

对于一些新发明创造的商品，可以通过预售来了解该种商品是否有市场，特别是针对一些只能通过批量化生产的商品而言，通过预售达到一定量后才投入生产，有效规避了生产风险。

对于预售过程中不成功的产品就表明该产品的实用性以及受欢迎度有待考究与论证。

（3）使用场景

说到预售，大家最有感受的应该是"双十一"，10 月 22 号大部分商品都开始预售，只需要先支付订金，尾款是在 11 月 11 号的时候再进行支付。

提前支付订金是付 x 订金抵 x 金额，而且提前多少名下单的还会多送一些东西。所以如果大家真想买部分商品，一般都会接受提前支付订金参与预售。

5. 加价购

（1）定义

在原来购买的基础上，只要再少增加一部分费用就可以购得原价比较高的商品。

（2）目的

提高带货率。每种商品，对目标客户而言，都有可感知的价格范围。比如餐厅的一道锅包肉，原来 38 元，后来涨到 39 元了，人们没感觉，再后来涨到 42 元了，这时很多人都会说怎么涨了这么多。

平常买这款商品可能要 80 元，但是现在只要在购买某商品的基础上加 30 元就可以购买了，这种可感知的价格差，提升了加价购商品的售卖数量，让主品的带货能力有了大幅提升。

（3）使用场景

如冬天时买羽绒服，会加价推几款抓绒卫衣或厚裤子。用户逛的时候如果发现比较合适，就会花少部分的钱进行加购。用户既觉得加价购买到了划算，商家也达到了带货的目的。

二、单品促销后台原型设计

在我们做"单品促销"后台原型设计前，需要考虑清楚都设计哪些信息字段。思考后，我们可以把创建单品促销活动分为两部分，一部分是基本信息录入，一部分是依据不同的活动类型，显示不同的配置项。

要想创建一个活动，基本信息录入需考虑：

1）活动的类型：选择是买赠、限时购、特价、预售等哪一种活动类型。

2）活动时间：活动的开始和结束时间。这方面 需注意的点是产品需不需要提前做预热。

3）活动名称：考虑名称的字数上限，怎么取名称既能说明白又对用户有购买吸引力。

4）用户组设置：此次活动是针对全部用户，还是会员用户，还是某部分带有特殊属性的用户。

5）商品范围设置：此项是指选择哪些商品参与活动。

依据不同活动类型，显示不同配置项需注意的点：

1）买赠：注意配置赠品。

2）特价：注意输入特价后的金额。

3）限时购：注意限时购的库存，如果在活动期间快要售罄了，要有库存预警机制。

4）预售：注意预售订金不能超过商品划线价的比例是多少，一定要输入订金金额和抵付金额。注意这时的时间就不是开始和结束时间，是要有"订金支付起始时间"和"尾款支付起始时间"。

三、多品促销类型都有哪些？每种类型的目的是什么？

1. 满减

（1）定义

买家所购买的商品满足多少金额、多少数量后立刻减价多少元。

（2）目的

满减有多种方法，但目的是统一的，提升客单价。

1）普通满减

A：普通满减—满减："满减 x 元"是在消费达到规定金额后，可以在总价基础上减免固定金额。

表现形式：满100元减30元。这种一般是参加了满减活动后，使原商品的单价降低。例如我去当当想买一本价格90元的书，如果不参加满减，那就是 90 元原价购买，但若遇到满 100 减 30，也就是我再选一个 10 元的书来凑单，反而会减少付款金额。

B：普通满减—减折扣："满减折"是在消费达到规定金额后，可以享受总价进行折扣。

表现形式：满 199 元打 9 折。满折更多适用于 B2B，因为 B 端用户更多的会去衡量各个商品的毛利有多少。

C：普通满减—满减券："满减券"是在消费达到相应的金额后，可以用来抵扣物品（商品）部分价格的一种券。

表现形式：满 500 元赠 1 张 300 元抵扣券。平台赠送的平台券，目的是给平台引流，提升平台下单成功率，最好的效果是客户最后在使用平台券的时候带动多个店铺的销量。店铺券作用更多是提升店铺转化率和客单价。

2）每满减

指单次消费每满规定金额后，就可以在总价基础上，减少固定金额。

表现形式：每满 100 元减 30 元。这种一般是配置比商品原价高一点点的价格。例如当客单集中在 50 和 80 两个价位的时候，商家可以设置每满 100 减 30。两个价位同时刺激。如客单 50 的买家想，再多买一件 50 元的，那就是 100-30＝70，正常另外一件要 50 元才能买到，现在只花 20 元就能买到，所以肯定会毫不犹豫地下单。

3）阶梯满减

指每满不同的金额可对应减不同的金额或折扣。

表现形式：按消费的阶梯额度设置相应的满减值，消费额度越高满减力度越大，以此来刺激用户提高单次购买金额，例：

满 99 元减 30 元，满 199 元减 60 元，满 299 元减 100 元；

满 99 打 9.8 折，满 199 元打 9 折，满 299 元打 8 折。

4）百分比满减

指单次消费满规定金额后，总金额可减免固定比例。

表现形式：满 1000 元减 10%。一般是商品种类多，总价高的情况适用这种。

5）商品池满减

在参加活动的 N 种商品类型中，用户至少需要购买 2 种以上不同类型的商品，且满足总金额的要求，才可以享受优惠。这种一般是配置日用品，大家都抱着反正都要用的心理，果断囤货。非必须品的话购买压力会比较大。

（3）使用场景

满减活动应用场景比较广泛，对于大单价商品来说可以做单品满减促进该商品的转化率，对于小单价的商品来说，主要是促进店铺的整体转化率并提升客单价。

满减活动主要是满足了用户觉得买到便宜，价格超值的心理。也就是花了同样的钱，买了更多的东西。原本可能只想买一件的，但为了凑单，就会凑几个本不打算买的东西。

这对于那些一定要买某些商品的买家来说，满减带动了客单价提升。但对于一些犹豫不决的客户，可能会对比价比较敏感，所以最好与同类产品价格别差太多。

2. 满赠

（1）定义

消费者购买满 X 元商品时，可获得商家免费赠送的另一种物品。

（2）目的

促进从不买到买，提升客单数。

普通满赠。表现形式：满 200 元赠送 A 商品。

阶梯满赠。表现形式：满 200 元赠送价值 50 元的 A 商品，满 400 元赠送价值 100 元的 B 商品。

普通满件赠。表现形式：满 3 件，赠 C 商品。

阶梯满件赠。表现形式：满 5 件送 Y 商品，满 20 件赠送 X、Y、Z 商品。

（3）使用场景

在三种场景下，商家会配置满赠。一是想提高用户对新品的认知率，二是通过赠送金额较低的小件商品来提高商品价值，三是商品清库存。

3. 满件折

（1）定义

满多少金额可以打多少折。

（2）目的

清库存、提升客单数。

普通满件折。表现形式：买1件原价，买2件打8折。

阶梯满件折。表现形式：买2件打8折，买3件打7折。

（3）使用场景

满件折的使用场景多数是服饰类的商品，因为服饰要搭配，存在一次买多件的可能性，而且买的越多折扣越大，所以多数买家都忍不住会多买两件。

4. 套装

（1）定义

同一用途的多个商品组合在一起。

（2）目的

连带销售。

套装直降：单个剃须刀是200元，单个牙刷是80元，如果分开买总共要280元。但是买剃须刀和牙刷的套装只需240元。

套装包邮：单买腰带60元要收10元邮费，但是买腰带和裤子的套装则包邮。

（3）使用场景

键盘65元不包邮，加上5元邮费总共是70元，但是鼠标键盘套装70元包邮，那果断选择套装。因为比原本单买一个键盘，还多了套装中的其他商品，但价格却是一样的。

四、多品促销后台原型设计

在我们做"多品促销"后台原型设计前，需要考虑清楚都设计哪些信息字段。

我们可以把创建一个多品促销活动分为两部分，一部分是基本信息录入，一部分是依据不同的活动类型，显示不同的配置项。

要想创建一个活动，基本信息录入需考虑以下几点：

1）活动的类型：选择是满减、满赠、满件折等哪一种活动类型。

2）活动时间：活动开始和结束时间。这点需注意的是产品（商品详情页）需不需要提前做预热。

3）活动名称：考虑名称的字数上限，怎么取名称既能说明白又对用户有购买吸引力。

4）用户组设置：此次活动是针对全部用户，还是会员用户，还是某部分带有特殊属性的用户。

5）商品范围设置：指选择哪些商品参与此项活动。

3. 依据不同活动类型，显示不同配置项需注意的点

1）满减：注意输入满×金额减×金额。

2）满赠：注意配置赠品。

3）满件折：注意输入满×件打×折。如果是梯度满件折的诉求，那要有增加梯度的入口。

4）套装：圈定组合套装的商品。

以上单品促销活动和多品促销活动总结结束了。所有的促销都是为了让顾客觉得实惠而冲动消费，一次买更多东西，买更多次，从而达成利润目标。

了解了常用的电商促销手段后，我们再具体到直播促销来看，我们常见的直播促销无非是各种限时限量限购，打折满减赠送之类的，基本上都是电商促销的复制与移植，而体现在操作上的有领优惠券、抽奖等等。这些只是最基础的电商促销操作，虽然能够对促销效果起到一定的提升作用，但远不如靠人来引导更加有效，也就是说主播和助理之间的亲密合作，在话术表演上进一步引导，促销会更加成功。

假设一场直播设置了满 199 减 100 的优惠券，如果场控只是把优惠券放出来给用户领，而主播也只是平白直述地说明优惠券的满减力度，以及怎样领取，这种感觉就好像 "618" 的时候，用户打开京东随处可见类似的优惠券，但会让用户领取的欲望并不强烈，当用户开始进入理性思考，发现吸引力不足时，一般都会果断放弃，这种促销方式就是失败的。

所以，不是说每场直播主播设置好了优惠，然后把优惠展示出来，坐等观众们购买就行了。我们还需要进一步利用促销心理学，从观众进入直播间的那一刻起，就开始不断地引导，然后顺其自然地发放优惠券，这就是我们讲的主播能力与直播气场。没有玩转促销心理技巧的主播，他是不懂得去引导，不懂引导的主播，直播时是没有一股让人激动、兴奋、想购买的快感的。

其实，主播要在直播中引导促销，还必须运用到心理层面的战术，而这三个战术才是带货主播最应该关注的促销技巧。

1. 锚点效应

简单来说就是给自己的产品价格寻找一个参考物，或者参照点，可以是别的产品，也可以是同一款产品，条件是产品价值相同或者差不多。就好比卖车，你不能拿一辆宾利跟一辆比亚迪相比。如果产品价值相差太多，价格对比完全没有意义，所以，你要找产品价值相差不大的来对比，那么这个锚点才算设立住了。

所以具体到产品促销定价的环节，如果产品价格低的，最好是表现为打多少折，产品价格高的，最好是减多少钱，这就是我们说的锚点效应，不同价位的产品有了参照物，价格比例一对比，给消费者的心理落差就不一样。

在具体操作时，主播除了拿自己产品原先的市场售价进行对比之外，还可以拿同类产品进行对比，或者其他电商平台销售的同款产品进行对比。这点很多大咖主播都会用到，都会郑重强调自己的产品是全网最低，哪个平台都不会有这个价格，这些话术要不断强调，不断演绎，以加深用户的信任。

2. 洗脑效应

我们原来经常在电视上看到的各种洗脑类的广告，均属于这类。比如，"今年过年不收礼，收礼只收脑白金"，还有那毫无技术含量的只是一味重复多遍的"羊羊羊"，虽然我们平时并不主动关注，但你要问有多少人不知道？还真别说，即使那么多年过去了，依然是大家耳熟能详的东西。所以，洗脑对于直播来说也是必须用到的强力心理武器。

比如说，很多大主播经常在直播中强调，我们是全网最低价，一场下来要重复几十上百次，这种操作是没有问题的。至于具体是不是真的，那还真不好说，比如×××某次带的坚果就号称全网最低，结果马上被找出比他价格更低的某种坚果。

除此之外，给主播打造人设，也是可以进行心理暗示来洗脑的。包括像李佳琦，什么"OMG""买它"之类的都属于心理暗示的一种洗脑。但最终这些话术也好、配合话术的语气动作表情等等，都是深化暗示，为促销做准备，我们要在潜意识中改变观众的认知，就需要这种不断重复的心理暗示。

再比如说在"618""双十一"说服自己"不买就感觉吃亏了"，同样是在暗示你自己。每当电商节来临之际，很多实际上经济条件并不好的用户往往总要在节前经过激烈的思想斗争，理智虽然提醒自己要节省，但真到了那个时候，又顾不上那么多了，好像这也需要，那也需要，不惜借呗、白条什么的一起上，等事后收到货的时候又倍感懊恼。

3. 损失厌恶

损失厌恶有点类似于心理学常说的沉没成本，反映在直播上就是限时限量限购，主播会不断强调，也会操作商品上架，你会发现几乎没有一场直播的产品是可以让你随便买、随时买的，总有各种限制。

而这些限制，就会让你害怕失去、害怕错过、害怕等待，一旦错过了，在全网各大平台都不会有这么优惠的价格。关键是这次秒杀在半个小时之后才开始，如果有不得不去做的事没法参加的话，那么机会就铁定错过了，主播说就得等个一年半载才会有活动，那一刻真是想死的心都有。

以上三点就是主播在促销中需要运用到的几大心理武器了，仔细吃透，并制定相应的引导话术。

第五节　哪些是带货主播应该具有的基本能力？ 》》》

要想成为最顶尖的带货直播王者，日常的学习和修炼也是主播们的必修课。在开始带货之前或者正在带货的初期，每一个主播都应该搞懂自己应该具备哪些带货主播所应该具有的能力。尤其是在直播中有以下这些问题的主播，更应该注意此问题。

面对镜头，表现力差，在直播过程中与粉丝互动各种尴尬不自然；

对于直播的产品介绍逻辑混乱，产品展现效果差，达不到良好的带货效果；

直播时各个环节衔接生硬，不顺畅，无法执行直播间的活动介绍及促单循环；

主播互动能力差，无法维持直播间氛围以及粉丝粘性。

其实对于大部分新主播来说，这些问题都是再正常不过的了。别说是普通人了，就算是平日里训练有素的销售人员，在第一次面对直播时仍然会出现这些问题，没有逻辑、面对镜头不自然、互动能力差，无法维持直播间的气氛……

这些问题如何克服？

一个优秀的直播带货主播应该具备哪些能力？

企业/品牌方/创业者如何高效培养一个合格的直播带货主播？

下面我们就来分析解读一下。

一、一个优秀的直播带货主播应该具备哪些能力？

1. 专业力

做一行，爱一行，懂一行。带货主播尤其需要的就是专业力。

什么是主播的专业力？

简单来说就是要充分了解产品，要有产品推荐的能力。专业形成的信任度是引导用户产生购买行为的核心驱动力。

在某一领域毫无经验的人虽然也能通过后天的学习成为专家，但对于主播来说成本太大，事倍功半，所以选择你拿手的领域开始是比较好的。

2. 表达力

主播要跟观众做朋友，要及时互动，要形成黏性，而不是让别人觉得你是个冷冰冰的售卖机器。这就需要具备口语表达能力、肢体表现能力以及特殊情况的应变能力，能随时调节现场的气氛和观众互动。

3. 持久力

直播是一场持久的马拉松。直播事业如此，单场的直播同样如此。

一场直播动辄三四个小时，长的时候五六个小时，这对一个人的心理和身体都是一种巨大的考验，考验人的体力和毅力，也考验对节奏的把控。

如果没有耐心，三天打鱼两天晒网，不能坚持长时间在镜头前保持高昂的激情，很难做好直播这件事。

4. 独特的个人魅力

每个主播都有自己的个人风格，比如薇娅的邻家姐姐形象、李佳琦的人间唢呐、罗永浩的温和段子等等，风格越明显，主播的吸粉、固粉能力就越强。最后，发挥自己风格，永远比模仿别人要效果好。

5. 勤勉力

头部主播李佳琦、薇娅基本都是日夜颠倒的生活。

薇娅每天晚上 20：00 开播、半夜 12：00 下播，下播后就是复盘、接待必须要接待的商家和选品，一般会在凌晨 5—6 点左右下班，下午 16 点开始上班，几乎没有休息日。头部主播尚且如此勉力，新手主播想要出头，就更得拿出勤勉的精神了。

6. 自信力

自信力分为两种，个人自信和产品自信。

你在介绍产品的时候支支吾吾、底气不足,对你推荐的产品都不自信、不确信,用户当然不会买。另外就是个人自信。所有成功的主播,他们播到三四个小时以后,表情依然是积极的,他们绝对不会在直播间里出现特别疲劳的表情。积极向上的直播语调和态度非常具有感染力。

除了以上 6 个最基础的直播带货能力,高阶一点的主播其实还需要具备议价能力、选品能力、物流/售后能力等。

二、直播带货主播培养的 3 个阶段

未来直播带货一定会成为线上线下产品营销的标配,相应的主播也会成为每个企业、商家的人员构成之一。如果你自己是商家,建议现在就可以开始着重培养直播带货主播,甚至是自己亲自上场。因为自己培养,掌控性更强,沟通也方便。尤其是淘宝、拼多多的一些商家,都是自己店里的店员出镜。

培养店铺主播的 3 个阶段:

第一阶段,零基础练手。

在新账号或者直播间人很少的时候,可以先让店铺主播练习直播流程、心态、话术和节奏掌控。在没有人的时候,看他能不能持续保持积极向上的直播状态撑住全场。

第二阶段,销售转化。

在直播间新手期练习一周后,可以通过 dou+ 投放或者平台扶植的直播间信息流投放给直播间来点流量。这个时候直播间有人了,那么主播就要把之前第一个阶段磨练出来的直播流程和话术进行实践。

千万不要一上来就给一个新手主播大笔投钱买流量,这完全是浪费,这个时候主播往往根本不知道怎么承接这些流量。过了前两个阶段,到后两个阶段就是一个能成交或者说能有利润的阶段。

第三阶段,加强专业。

直播间流量稳定之后,比如每天直播间粉丝稳定在 100 个人左右,这时候就要求主播要有更强的控场能力、产品种草能力和促单/逼单能力。

每场直播之前开会讨论整场直播流程、产品过款、促销活动、引导话术等等。严格按照直播标准化流程去操作，去优化每个细节。

那什么叫标准化的流程？

即标准化的直播话术+标准化的售卖组合+标准化的直播流程。

1. 标准化的直播话术包括话术模板和个性发挥，但是个性必须在执行完话术模板的前提下才能发挥。

2. 售卖组合指的是直播间卖东西的时候，不同的产品如何组合在一起。比如引流款聚人（宠粉款），利润款主打盈利（利润款）。

3. 标准化的直播流程可以简单地理解成直播脚本。整场直播必须按照事先准备好的直播脚本进行，如果流程不标准，后面绝对乱七八糟，瞎说话或者重复过品。

我们把直播 SOP（标准作业程序）化，从什么人讲，讲什么产品，产品怎么摆放，怎么调价格，怎么演示，都要根据脚本来执行。

因此，直播之前准备好直播脚本也就是标准化的直播流程，对于整场直播节奏把控和最终的转化效果相当重要。

目前来看，主播行业还属于红利期，主播增量也一直在上涨。要想在这片汪洋里扬起一帆小舟，还是需要技巧的。对产品不够了解、对销售技巧和流程不熟悉，最终带货效果可想而知。一个优秀主播不仅要专业、能吃苦、坚韧，好好经营有亲和力的人设，同时还要学习用户心理，钻研销售技能才能在直播电商里站稳脚跟，找一片属于自己的位置。

第六节　打造顶流带货主播的关键一步——社群 》》》

从腰部主播要进化到头部主播其实还有一个可以利用的神器，即社群。目前，头部带货主播每个人都有自己的社群。

社群其实是基于微信的微信群。在直播火爆之前，虽然也有人利用社群来拓展其商业属性，但受制于社群的特性，只能发图文或短视频来介绍产品，因为当时的社群并不算好的带货工具。

然而，当直播带货火了以后，很多主播意外发现了社群对于自己的辅助意义。他们将微信群和视频直播紧密联系起来，可以说，新的风口来了，很多线下实体店都利用社群裂变和小程序直播新增会员，并在直播当天创下业绩新高。

很多人都知道直播的风口趋势，但不是所有人都明白社群在直播中的作用。

当然也有人知道社群的重要，但是自己的社群就安静得很或者觉得维护一个社群太苦太累。

如果你是一个普通人的话，社群确实意义不大，但如果你是一位带货主播的话，那么社群对于你的意义将完全不同。今天就说说怎么去做一个能自动运转的带货活跃社群。

我们可以将社群运营拆解成建立、拉新、管理、传播、活动五个方面，从这五点来教你如何运营有价值的社群。

第一、为什么要建立社群？

因为一些需求，比如需要互相点击链接完成助力的，或者抢红包，就需要群体的力量，你也可以理解为我们日常所说的"广告群"。

通过建立打卡群、中转群、快闪群、资源共享群，样式很多。其实背后的逻辑都是共通的，都有对应的目标人群。

社群是多对多的传播方式，非常高效且低成本，而且对拉新-留存-转化-再传播整个增长链条都有不同程度的放大效果。

社群比朋友圈更能抢占用户的注意力，建立信任的机会也更多。现在朋友圈超过3000好友就会限流，很多好友会错过你的朋友圈，而在一个活跃的群内，你通常会爬楼看完当天的消息。而且因为从众效应的存在，在社群里对品牌的影响不管好的坏的都会被成倍的放大。这也是很多医美机构有所忌惮不敢建社群的原因。

最后，社群是比个人微信号还稳定的私域流量池。在一个社群里存在多重复杂的关系链，用户就算不喜欢你了也不会轻易离开，因为她可能还能从社群中其他人的发言里得到价值。

而具体带货主播的社群，为什么要建立就很好解释了，群里的人都是你的实际客户或者潜在客户，你通过直播带货和他们产生了关联，又想建立稳固的关系，那么把他们加到社群里来有百利而无一害。通过社群你可以分享直播或者货品的相关信息，能帮你在直播的时候不少流量，并且通过社群的日常沟通交流，你还可以完成固粉、黏粉的目的。

第二，怎么拉新人？

创建社群时，很多人往往会先拉人，不管认识的不认识的全部都先拉进群。这样做是不对的，社群的本质应该是基于共同目的、共同兴趣创立的一个场景需求。社群前期的关键指标应该是筛选匹配有需求的一群人建立联系，哪怕前期只有个位数。一个优质的社群要有目的、有核心、有阶层。而这几个关键点都和你的直播带货业务有很大的关联。

关键之一在于——有目的。

社群中的所有人必须有一个共同的目的，可以是知识学习，领券，也可以是线下交友，车友驴友。而具体到主播的社群的话，他们的纽带就是直播买货，买好货，买便宜的好货。

总之群体必须有一个脉络清晰的目的，好比影视剧需要有一个主线去支撑，这样你的社群才能活跃。

关键之二在于——有核心。

核心的意义在于你能够可控你的社群导向。当你在组织创建社群活动时，能够起到指挥作用，不能不加控制让大家在群里"各显神通"，那样你的社群很快就会死于广告了。作为直播带货的社群，核心自然要围绕着主播，发广告将是你最大的权力，通过你的直播带货核心，你能更好地开展自己的直播事业。

关键之三——有阶层

阶层对于一个群体有存在的必然，这和创建社区培养产出 UGC 内容有些相似。一个群里需要有一部分"大神"，他们发言略带居高临下，略带一丝与民同乐。但他们同时也会为群创造价值比如帮助你拉新管理，输出有价值内容等等。在这里，主播的地位就要建立起来了，既然是社群的核心，你通过社群谋求自己的利益，那么也应该通过社群向群里的粉丝们发放他们该有的福利，不一定是直接的红包什么的，可以是下一场直播优惠券，别的普通粉丝要参与抽奖可能才有的福利，你能直接在社群里发放，这样一来阶层建立起来了，差异化也出来了，跟着你买东西的社群粉丝们自然对你心悦诚服，黏性也增强了。

第三，如何管理社群？

不要把自己当成客服！不要使用已经习惯的淘宝语气去跟你的用户聊天！当你出现这样的语气语调，你会发现你的社群变成了服务答疑群、售后处理群，那么问题只会越来越多，姿态只会越来越低。

但是，也不能太过独断专行。对于社群管理我觉得有一个词表达得很正确——"松弛感"。你与他们之间不是交易与服务，更像是一位年长的朋友。

对于直播带货的主播来说，这样一个能维系和粉丝关系的社群，必须要搞懂自己的定位。你要知道这些粉丝为什么会留在你的社群里，除了情感维系外，最重要的还是利益维系，只要你能给他们带来源源不断的利益和优惠，那么他们是不会退群的。所以，要注意管理的姿态，宽严并济。

第四，怎么宣传？

对于普通社群来说，宣传和吸引流量都是难点，重要的在于要有利于他人。在社群搭建的时候，必须要明确社群价值输出。价值输出包括群主传递给成员的价值，以及他们彼此链接产生的价值。注意，你需要最大化让大家链接，而不是你高高在上的一对多发布消息。不然你会很累，你能产生的价值很快就输出殆尽了。

在你的群里就能得到各种福利，甚至你还可以设置各种门槛，不是什么人想进就能进的，必须是在直播间购物的人或者是核心成员介绍的愿意进群的人。他们不是你的现有客户就是你的潜在客户，你通过社群稳固和他们的关系，他们通过社群得到一些别人没有的福利，各取所需，互利互惠，才能长久。

第五，该怎么设计内容？

对于普通群这可能是个难点，但对于带货主播来说这不算什么。直播信息发一发，货品信息发一发，标注最值得关注的高性价比货品，不比发什么养生知识有用吗？另外，没事的时候和群友讨论下货品的优缺点也是一大看点，给大家一个参考，对于主播本人来说也可以从中吸取知识乃至经验教训，逐步成长。

以上五点充分说明了带货主播营造私域流量社群的好处，可以说直播和社群就是最好的搭档。所以，当有人在你的直播间成交后，并且有常驻的架势，你不妨主动要求加个微信，将其拉进群，让社群稳固你们之间的关系。

但值得一提的是，在经营社群的时候切忌不要急功近利，销售心过重，社群价值在于延伸长期培养，不应过度消耗用户、频繁骚扰用户，一定要掌握好度！

第七节　顶流主播如何打造个人 IP？ »

在全民直播大背景下，此时不抓住"直播带货"这个商机，更待何时呢？普通人直播带货怎么做？今天我们就从下面 3 个直播技巧出发，为大家答疑解惑。

技巧一，社交财富论：利益至上。

在短视频时代，粉丝是一个不可或缺的重要因素，因为粉丝的数量会影响到数据。

例如：点赞、评论、转发和分享等，但是直播时代里，基本上很少会有人点开主播的主页查看粉丝数量的。所以我们要跳出这个误区，去讨论直播的技巧就会轻松很多了。

1. 直播带货要说什么？

归其本质，直播就是社交，就是人与人的连接。简单来说，就是聊天。在聊天的场景进行售卖产品，我们的学识、性格等都得经得起考验，所以我们要不断去学习，不积跬步，无以至千里。

2. 如何通过直播带货？

方法只有一种，就是三句话不离产品。

3. 如何与粉丝建立信任感？

举个例子来说，如果是卖美妆产品的，那么粉丝群体大部分应该都是"90后"的女生，按照三句不离产品的原则。

在直播过程中的聊天内容应该都是围绕着自身产品，并通过适当对比，提升本产品的成交率。

技巧二，品牌产品论：卖货为主。

以李佳琦为例，他在卖产品的时候都会有自己的一套逻辑，价格比别人高，质量不好的都不卖，新出的产品能不卖则不卖。

这是李佳琦在打造他自己的产品品牌。

1. 产品品牌怎么理解？

产品品牌不同于个人IP，简单来说，就是将产品和个人捆绑一起。例如，提到马云，就会联想到阿里巴巴；谈到董明珠，会联想到格力；提到李佳琦，我们自然而然会联想到口红。这就是产品品牌概念。

2. 打造产品品牌的好处有什么？

其实我们在直播带货的时候，要注意个人品牌的沉淀，不能今天卖母婴，明天卖首饰，后天卖化妆品。虽然这些消费群体都是"90后"的女生，但产品不统一会让消费者思维混乱，也不利于与粉丝建立信任关系。

要知道，直播已经度过了野蛮生长的过程，"产品+品牌"才是接下来直播发展的势头。

3. 打造产品品牌的方案有什么？

要知道，在互联网上做生意，一成不变的套路是大忌。在前期粉丝数量不多的时候，我们可以在一个大领域中多去尝试小领域。

假如是做美妆的，粉丝基本上是女性，那么我们就可以在女粉丝的基础上多尝试发展服装搭配、美发等领域，然后往能实现利益最大化的领域靠拢。

技巧三，个人渠道论：打造 IP。

1. 个人渠道的概念是什么？

有些人可能要问，不就是直播卖货吗，为什么要打造个人 IP，什么是个人 IP？

先来举个例子，网上卖水果的很多，为什么有的人一天寥寥数单，而"石榴哥"年入千万？普通主播进行一次直播，最多就几百人看，"口红一哥"李佳琦直播场场观看人数上千万？

IP 其实就是你的个人标签，用户可以快速地通过个人标签识别你的信息，判断你能对他产生什么样的价值，对是否关注你、买你的东西产生决策性的影响。

例如，如果你是"美妆达人""美妆测评博主"，那么喜欢美妆的人更容易关注你，短时间内吸引到大量的垂直用户。

直播初期，人设鲜明的主播往往更容易脱颖而出。要么风趣幽默，要么才华横溢，鲜明的人设能给用户留下深刻的印象，也更容易增加及留住粉丝。

合适的人设定位，要根据自己的兴趣喜好或者特长来选择。比如，如果是推荐口红，你一定要先清楚了解口红的色号、搭配什么样的肤色、衣着或妆容。如果是推荐护肤品，你就不能对皮肤结构、肤质分类一无所知，不然开播的时候专业度不够，也很容易流失粉丝。

主播除了要对产品十分了解，也应具备一定的销售话术。随随便便跟粉丝闲聊，难以引起观众的兴趣。我们可以运用一些销售技巧，戳到粉丝的痛点，引发购物欲望。

2. 如何收获大批粉丝

直播平台的流量很大，怎样让观众注意到你、成为你的粉丝，实现"一夜爆红"？

除了天时地利人和之外，需要我们先把基础打好，首先让别人愿意看见你。

首先，换个清晰、好看的头像，可以是本人照片，也可以是你的相关直播内容，让人能一眼记住。调试好直播设备，如果用手机直播，最好准备一个手机支架，固定住手机，保证直播的时候手机不会乱晃。然后整理好直播环境，背景整洁干净，让人看了舒服。

保持良好的直播状态，一个良好的状态决定着你的收益。磨刀不误砍柴工，这些也是对观众的尊重，谁都喜欢看一个或美美帅气的你，所以在开播前对自己的发型、穿搭、妆容进行检查是必要的，在自己的舞台展示最完美的自己给观众！

做直播必须要坚持不懈，你需要单次开播至少 1 小时，并每天固定时段开播，这样会更容易增加粉丝，也会让粉丝对你有好的印象，粉丝看到你对直播的认真态度，会更愿意相信你。

3. 如何做到"接地气"

大家都在做直播，为什么李佳琦的话总是能"蛊惑人心"，让你心甘情愿掏空钱包？除了气氛和互动的加持，还有他对产品接地气、真实的描述。

描述口红他有一百种说辞，不止是"好看""买它"，而是各种具体的形象，比如："苹果红，有生命力的颜色""神仙姐姐涂的颜色，刘亦菲涂的颜色""银行卡的余额可以变，男朋友可以变，999 不能变，好经典"等等，简单地描绘出用户心中的情景，却充满画面感。

针对平价好货，他说："你不用发工资也可以随便买！"

针对自己极力推荐的贵货："999，好漂亮，我的唇纹都不见了，没有钱给我借钱也要买它！"

他很少用那种一般人听不懂的成分名词，只会跟你说，用了这款产品你会变得怎么样。

如此生猛、直接、不做作的风格深受年轻人的喜爱！真情实感又有道理，打消你的犹豫和顾虑，结果就是"买它"。

4. 短视频带货

5G 时代即将到来，最直接的优点就是网速快了，在 5G 网络下即使是 4K 超高清视频也能在线流畅观看。在这样的技术加持下，直播和短视频势必要上一个新的台阶。快手副总裁岳富涛总结快手电商的模式是：短视频种草+直播带货。

直播和短视频是相辅相成的。直播展示的形式会比较全面，但直播受制于时间，观看人数。短视频电商受制于时间限制，可能没办法表达的这么全面，但优秀的短视频会带来源源不断的流量。

优秀的短视频内容作为前端可以带来大量的流量和潜在用户，直播则会让你有更多的机会和这些用户互动。如果配合得当，这是天然 CP，会得到更多精耕细作的机会。

5. 打造个人渠道的好处是什么？

这里我们以薇娅为例，薇娅的价值难道只是卖货吗？

错了，其实她已经打开了连接世界各地的资源通道，现在她的量已经起来了，就等待着产生质变了。

6. 打造个人渠道的方法

对于小白又该如何去打造个人渠道呢？

第一，在固定的时间段进行直播；

第二，在社交财富论的基础下进行卖货；

第三，塑造个人 IP。

以上三点不断重复去做，不积跬步，无以至千里，终有一天会发生质变，从而形成你的个人渠道。当有了这个渠道，才能说是实现了财富自由。

第七章

品牌方的困境和
直播发展之路

第一节 当下品牌直播的运营策略概述 >>>

品牌在不同时期有不同的运营策略，具体到当前的全民直播时代，近两年发展速度最快的莫过于 MCN（Multi-channel network 多频道网络）网红机构的兴起。伴随而起的最火的话题就是流量和直播带货，尤其在疫情期间，线上直播更是如火如荼。

MCN 作为红人机构，旗下主播的合作形式可谓是多种多样的，产出包括图文、短视频、直播等，基本囊括了大家日常使用的各个平台，而直播只是其中比较热门的一种。

火到什么程度呢，听说有金融圈的朋友都想转行来广告圈开 MCN 了。毕竟李佳琦卖过的香肠，第二天股价都会上升。而 C 罗在直播采访中一个移开可口可乐的小动作都能在次日让可口可乐的股价暴跌，可见网红经济对实体行业的影响和冲击了。再加上各种 MCN 资源群、刊例群的兴起，每天热火朝天的转化讨论，感觉马上就要一统营销市场的江湖了。

每次火热的讨论，不免反思这种模式到底用在什么情境之下？适合不适合呢？对品牌形象和销售帮助在哪里？有什么副作用？

品牌方在当下的直播大潮中应该重点关注三个方面：关于直播带货兴起的消费者洞察；直播带货的实际效用和对品牌传播的意义；直播带货对于博主的借鉴意义。

一、直播带货与网红经济

直播带货为什么火，撇开那些什么增强互动性，亲切感不说。一个有趣的观点叫"正和博弈"。

正和博弈是合作博弈当中的一种。

合作博弈指的是一些参与者以同盟、合作的方式进行的博弈，博弈活动就是不同集团之间的对抗。而正和博弈指的是博弈的参与方利益有所增加，或者至少一方利益增加，其他方利益不受损害的情况。

直播通常涉及这几方：电商平台，网红主播，商家，消费者，直播平台。这几方有时候角色会有一定重合。

比如淘宝本身既是电商平台又是直播平台。而有些以直播和短视频为主阵地的平台（如快手，抖音等），通常会大量导流到别的电商平台（如京东，拼多多等）。那么这种情况下，直播和电商平台的角色就分开了。

为啥网红直播比店员甚至比电视购物都讨喜呢？就是因为所有的参与方都在这项活动里获益，包括消费者在内。

直播这件事情，从根本驱动上改变的一件事情是从"人找货"转向了"货找人"。这一点既是疫情下客观需求，同时也切中了一个消费者行为：很多消费是在无计划中产生的。故直播本身是先满足了用户的娱乐需求，又在无形中引导了消费者的购物需求。

另一个值得说明的点是商家的角色。以往商家要么在电商平台上靠卖货积累实力，要么靠硬推广告来增加热度。众多商铺在淘宝的竞争格局基本上就是这样的套路。

而直播，特别是顶级流量的直播，创造了这样一种可能性：在短时间内为自然流量不足的商家创造爆款。尽管这个爆款也需要费用投入，但给了商家另一种吸取自然流量的可能性。

有破局的切入点，就有改变格局的可能。

理解了这一点，我们下面就可以来讨论直播对品牌策略的影响了。

二、直播带货与品牌策略

现在市场预算紧张，越来越多的品牌方在做传播时都在谈销售转化。比起其他较长的宣传，直播带来的销量是在短期内看得见摸得着的。

这里我们以四个问题切入来讨论：

1. 直播在短期销售中是不是能够让品牌销售盈利？

直播带货中，产品本身是比直播播主的个人魅力更重要的一件事情。

最受欢迎的产品主要是衣服，食品和美妆，还有一些家化日用品这些相对便宜的快消类产品。

几个可能侵蚀利润空间的点在于：

（1）退换货的成本，因为通常主播的佣金提成是不计算退货率的，所以退货率越高品牌利润越低；

（2）给一线主播提供的让利空间会压缩产品本身的利润；

（3）直播前后商品的准备，物料的宣传，配套售后服务等。

这些都可能导致直播销售实际带来的成本多过盈利。

根据一些实际执行者的体验来看，大部分直播是不能期待数倍于投资的盈利的，可能不亏（少亏）就已经算是理想状态了。但比起其他转化链路更长的方式来说，实打实能看到短期内产品的售出成绩，确实让人有一种自我安慰感。

总而言之，直播带货没办法被神化，如果它不能带来即时销售转化以外的利益，那也只是一个花钱买吆喝的手段。

2. 直播可利用的价值，只是带货转化吗？

这就说到，现在很多品牌选择一线顶流的李佳琦和薇娅，其实也是想到了传播层面可以用到"李佳琦/薇娅推荐"这样的宣传信息。

一个不怎么买香氛的理性消费者，在看到"李佳琦推荐"，都会忍不住想体验一下。

真是口碑和体验的完美闭环。

这也跟播主属性有关系。李佳琦和薇娅不再是一般的主播了。他们已经形成个人品牌形象，业务能力过硬且选货严格的形象认知已经深入人心，对产品认知有一定的辐射。

他们的互动已经跨界到了娱乐圈、商界，内容上具有很强的娱乐性。所以即使在这两位的个人形象运维上，也不只单纯直播带货的粗暴逻辑，他们本身也是一种个人品牌的经营。

另外一个有趣的故事是，有一个平台早些时候找过李佳琦做产品销售，当时卖得很好。但是这种口碑积累只是延续到了这款产品上，而非这个平台上。而平台对这款产品的销售并不是独家的，导致后续消费者分流到别的渠道去购买此产品。

这里其实就不是带货不带货的问题，而是从品牌定位上来说，直播的场景就是以产品为核心的，想通过直播间的场景跳过产品为品牌积累资产，就是策略上的失误了。

3. 一线顶流主播 VS 中小播主，对品牌的意义有多大？

在和一些中小主播合作后，从销量上来说，除了顶级流量李佳琦和薇娅外，其实大多数主播的带货能力还是有限的。

他们不太可能像李佳琦和薇娅那样三五分钟一个产品，而是需要专注于更长的时间去做铺陈。销量对于中小企业可能还有不少空间，但对于大品牌就很难有跳跃性的增长。

4. 直播对大品牌和新兴创业品牌来说有什么差异？

中小企业商铺在目前的直播环境下还算生机勃勃，在朋友圈的直播宣传有声有色。有的接地气，有的小而美。据了解，投入和销售转化还是相当可观的。这种品牌直接跟消费者建立信任，又快速地进行销售转化的方式对于中小企业非常划算。

问题在于，这种小作坊式模式增长的量级非常有限。对于大品牌的市场规模来说，是不能直接复制的。这就是为啥品牌方都知道市场预算有一部分会被浪费还是得去试水，能努力的就是尽可能减少浪费的比例。

小结：

1）大品牌直播带货的根本逻辑是品牌传播策略的一部分，不是单次直播的直接销售。

2）品牌要有带着跟平台趋势一起试水成长的心态。

3）选投放策略前先审视一下自己产品的属性很重要。

4）不要盲目复制，不要直接横向类比 CPM 和 ROI，多跟自己的投放策略和品牌策略做纵向对比。

三、直播带货对博主的借鉴意义

看了李佳琦和薇娅的报价，很多博主性价比确实太低，且对平台的依赖性过强。

虽然PR们大多数时间对博主很客气。但是要知道，在真正的业务合作链条上，博主才是处在决策链条下游的那个人。

要么有自己强烈的个人品牌属性，让品牌方无法忽视；要么有号召力的私域流量和带货属性，对品牌有话语权。除此之外，在市场上被替代的可能性太多了。

是人不美吗？是图/视频不精致吗？不是的，说到底是要证明自己的商业价值。

收入仿佛还不错，可是平台一变动，受到的冲击也是很大的。

如果能跨越这一层去思考自己的商业策略，才会发现无限的上升空间。

第二节　品牌沉溺于直播带货真的能一劳永逸？ 》》》

在直播火热的当下，品牌方或积极或消极的都不由自主地向着直播风口前进。但此时，另一个观点出现——"直播正在侵蚀商品的品牌价值"。虽然看起来有些离奇甚至偏颇，但似乎也可以从侧面反映当下的直播带货局面对品牌方的另一种潜在威胁。在这里，我们可以从三个方面来说明这种危害。

一、产品的品牌价值是什么？

商品价格=产品价值+品牌价值。即"商品价格并非由制造成本所决定，而取决于它为用户提供的价值"。用户可感知的价值来源两部分，一是产品本身的价值，二是来自品牌的价值。

比如特斯拉汽车。

产品价值：出行代步工具，舒适的驾驶体验，超跑级的百公里加速，流线型的车身设计，更低的日常使用成本等等。

品牌价值：低碳环保的生活方式，更激进的科技感，来自于 SpaceX 的探索精神，硅谷钢铁侠，创始人的传奇经历等等。

特斯拉向我们呈现了激进的科技感，这正是传统汽车品牌做不到的。产品的价值很好理解，但品牌的价值究竟是什么？如何创造品牌价值？

答案是：品牌的价值在于当用户想起你的时候，会发自内心地涌现出一种美好的情感和回忆。应该没有一个人会拒绝向身边的人分享美好的事物。这就是品牌的力量，它可以满足用户在情感和精神上的需求，并给予用户更多超越产品本身的价值和体验。

再比如苹果。

产品价值：流畅的系统体验，完整的 APP 生态环境，Apple 全家桶的便捷性，更安全的隐私和数据保护，简约且具备美感的产品设计等。

品牌价值：良好的售前和售后体验，极客和工程师精神，追求完美的产品理念，身份标签，乔布斯的个人魅力等。

思考一下，对你而言苹果的品牌价值是什么？可以看到的是，品牌为用户所创造的价值远远高于产品所带来的价值，以至用户愿意支付更多的金钱为品牌的价值买单。因此，一个优秀的企业和公司，会不断为用户在产品和品牌上创造新的价值。

现如今，任何一个公司的市场预算和资源是有限的，如何在有限的预算和资源下，不断为品牌价值实现裂变和增值，是市场部门应该考虑的问题。

品牌内容每一次的输出和呈现都极其重要，这些内容会成为用户去评判你是否能给予其带来产品之外价值的标准，是情感上的共鸣、还是身份上的认同？

无论是什么，这些内容需要对用户产生正面的价值引导。因此在今天，市场部需要谨慎细微的思考：我的品牌可以为用户带来什么样差异化的体验，我的品牌内核是什么？

一个优秀品牌不仅仅为用户创造价值，而且这种价值也是其他品牌无法给予的。所以一个优秀的市场部门应该保证，在品牌内容的输出环节，每一次都必须是正确，且符合品牌内核的。

如果不确定输出的内容是否正确，那请不要去浪费预算和资源，负面的内容无异于在伤害自身的品牌价值和用户体验。

我们应该清楚地意识到，媒介和流量渠道只是一个工具，无论是效果类的投放，还是品牌类的投放，最终呈现的内容一定会对品牌本身产生影响。但只有正确的品牌内容输出，才会让用户接受、感动并分享。最终，用户和品牌之间粘性会越来越强，形成一个良性的循环。

请记住：在产品、渠道、供应链高度同质化的今天，如果你的产品价值无法形成优势和差异化，那就请仔细思考你的品牌价值是什么？

二、怠于思考，是品牌走向死亡的第一步

本质上，直播带货只是十年前电视购物模式的翻版而已。回到现在，流量主播们相比当初的电视购物模式，无非是具备了更多的娱乐性和强烈的个人风格。

主播的流量即前段时间炒作的"私域流量"的一种，这些流量短期内对产品销售额确实可以起到"兴奋剂"的作用，但如果长期"服用"，最终一定会导致品牌的"猝死"。因为对主播粉丝而言，主播本身才是他们心中的价值所在，他们根本不在意"买什么"，而是"谁在卖"。

我们需要承认，品牌内容的创新在今天并非一件容易的事情，所以越来越多的企业和公司开始试图走捷径，作为市场部门则失去了独立思考的能力。

2019 年的"双十一"，李佳琦在数小时的直播中，以全网最低价为雅诗兰黛贡献了 87% 的销售额，当日累计销售额超过 6 亿。至于品牌方最终为此付出了多少流量预算和佣金，李佳琦 1.3 亿的豪宅怎么买来的，各位市场和品牌的负责人自然心中有数。

李佳琦这样的网红们像一个超级印钞机，吞进海量流量，吐出大笔销量。他们的核心武器，并不是花俏的说辞，也非颜值，而在于"全网最低价"。

今天他们可以卖雅诗兰黛，明天也可以卖美宝莲。用户在网红直播的购买过程中对产品和品牌不会产生任何记忆度和正面印象，品牌价值在此过程中也不会产生裂变和增值。至于这样的"全网最低价"会对品牌价值产生多大的伤害和影响，他们也根本不会考虑。

直播作为一种"兴奋剂"流量，对品牌价值的伤害将是长期的。对很多市场部来说，产品卖出去了，工作也轻松了。反正只要找到大牌网红，给预算，给佣金就行了。你看，多容易，是不是？

至于怎么做好品牌内容这种事情，太难了。所以最后他们都忘了，如何去了解自己的用户，如何做好自己的品牌，这才是他们的本职工作。

于是，这两年，一个公司的品牌和市场部门不断上演着一出出匪夷所思的戏码：拿着几十万，甚至上百万年薪的市场总监和品牌总监，根本不用自己动脑子思考品牌策略，只需要把每个季度的大笔预算送到直播间给网红就能完成当季的 KPI 了。

当一个品牌旗下的产品只剩下产品价值，甚至最终只能依靠网红来卖货的时候，那我相信，他们的市场和品牌部门距离解散的日子也就不远了。因为对于一个热衷于做"同质化竞争"的企业来说，只要想办法拼命压低自己的产品价格就可以了，"廉价"是他们能为用户提供的唯一价值了。

品牌是无需考虑的东西，市场和品牌部门自然也就不再需要了。

一个优秀的品牌，会不断为用户创造价值。即使需要花费大量的资源和时间不断去接近用户，了解用户。

一个劣质的品牌，会不断向用户透支价值。因为那样做可以在短期内获得看上去不错的销售额，并且非常轻松。

有一篇在营销圈内小范围流传过的文章《Adidas 花 30 亿买到的教训：

做品牌为何如此艰难?》揭示了近几年 Adidas 的品牌影响力大幅度下降的根本原因。阿迪达斯在这次自白中其实也提到了这个关键因素：

"We had a problem that we were focusing on the wrong metrics, the short-term, because we have fiduciary responsibility to shareholders."

中文意思是"我们错误的短期主义是因为我们必须对股东利润负责"。

阿迪达斯全球媒体总监西蒙·皮尔（Simon Peel）也多次表示，过于重视数字广告有时会分散品牌的注意力，忽略了那些真正可以推动品牌发展的因素。

Adidas 的改变提醒了我们，仅仅关注短期利益是不可取的，让品牌保持长期影响力更为重要。

希望各位市场人和品牌人能明白：怠于思考，是品牌走向死亡的第一步。有价值的事情，一定不是容易的。正因为困难重重，才值得我们为之去付出和努力。为用户创造差异化的内容和价值，才是一个品牌的立根之本。

三、去做正确的事，而不是容易的事

即使在主播带货兴起的今天，我们依然可以看到有很多品牌在坚持做自己认为正确的事情。

特斯拉不需要网红去带货，Apple 也不需要。因为他们可以为用户提供极强的品牌价值，并在此基础上不断对产品和品牌进行创新和迭代。

SK-Ⅱ也不需要通过网红去卖货，即使在此之前尝试过饱受争议的"剩女"话题的营销策略。但我们依然看到了，SK-Ⅱ敢于在品牌策略和创意上做出新的尝试，即使没有成功，却依然保持了品牌的活力和新鲜感。SK-Ⅱ甚至在每年的春季和圣诞都会推出不同主题的产品设计和内容，不断尝试和用户做多层次的互动和沟通。

即使是作为最基础消费品的农夫山泉也未曾通过网红进行带货。农夫山泉从最初的"有点甜"到之后的"大自然的搬运工"，不断在品牌内容上进行的创新和尝试，通过不同的产品与用户进行对话，赋予用户更多元

化的价值和场景。

在产品高度同质化的今天，对任何一个企业而言，品牌内容的创新能力比以往任何时候都重要。一味地追求短期收益和销售额对企业来说只是饮鸩止渴。

特斯拉，Apple，SK-Ⅱ，农夫山泉等成功的品牌都在告诉我们：品牌内容的触达比产品触达更重要，品牌价值对用户的影响比产品价值更长远。

我们希望给予用户的不仅仅是产品上的良好体验，更希望能用品牌为用户呈现出勇敢、自信、善良、真诚、无私……那些人类与生俱来的宝贵品质。而这些美好的事物，恰恰是无法用数字去量化，却又是用户最希望感知到的东西。

这是一个品牌越来越难做，创意和内容不断枯竭的时代。但我依然希望每一个企业和品牌都能坚持"去做正确的事，而不是容易的事"。

第三节 当前品牌方的直播困局 》

2019 年企业的推广预算近 50% 转移到了网红直播带货。2020 年则达到了 65%，2021 暂时未统计出来，但相信也会是增长状态。直播带货火爆的背后，却是众多知名品牌抱怨"卖得越多、赔钱越多，主播名利双收的背后是我们在淌血"，更有业内人士急呼"大家都去做直播带货，这不就是变相的价格战吗？这根本就是对品牌的巨大'伤害'。不仅在摧毁好不容易累积起来的品牌溢价能力，更在透支常年累积的品牌资产。"

仔细一品，品牌方说的的确有道理，让我们来看看当下品牌方在火爆的直播下的种种困境吧。

网红直播带货对品牌的"伤害"有多大？

2019 年最火的莫过于李佳琦、薇娅等"直播带货"，这似乎成了企业销量增长突破的"新大陆"。

总结 2019 年"双十一"和"双 12"的品牌投放数据，发现众多品牌近 50% 的预算转移到了各类网红的带货直播。2020 年则达到了 65%，平台涵盖了抖音、淘宝等，企业希望瞬间就能"爆红爆卖"。

某品牌的市场负责人总结说，虽然他们在抖音与知名短视频播主合作，播放 48 小时实现了用户的爆发式增长，确实这种瞬间爆红的感受比花上千万请明星代言的效果来得更快更直接，但至于这些新增用户是否能沉淀与促进销售，还有待长期观察。

1. 对品牌的"伤害"：透支品牌资产，摧毁品牌累积的溢价能力

我们先来看看知名网红带货达人的合作报价：

李佳琦

抖音原创视频发布价格：约 163.5 万元/条

全网平台合作打包价约：300 万元/次

直播带货佣金：100 万元国产品牌 40%/国际品牌 30%

连李佳琦小助理的报价都飙升到约 17 万元/条

总结：不但价格贵还很挑品牌选品。

薇娅

淘宝直播原创视频发布价格：约 90 万元/条

全网平台合作打包价约：180 万元/次

直播带货佣金：20 万元国产品牌 40%/国际品牌 30%

快手老铁

千万粉丝达人混播：约 30 万元/条

带货链接费用：约 20 万元左右/次

直播带货佣金：20%—40% 协商

papi 酱

抖音原创视频发布价格：约 180 万元/条

秒拍原创视频发布价格：约 500 万元/条

小红书达人

张韶涵：88.9 万元/条

杨超越：58.6 万元/条

林依轮：46.8 万元/条

娄艺潇：69.5 万元/条

张嘉倪：114 万元/条

佘诗曼：35 万元/条

李若彤：59 万元/条

吴谨言：74.5 万元/条

雪梨：12.6 万元/条

张大奕：19.8 万元/条

腰部达人类：约 5 万元—10 万元/条

面对如此高昂的合作费及销售佣金，品牌方高兴不起来。直播带货是火，但是顶级主播合作的条件往往要的是全网最低价，将企业的利润挤压到接近于零了，再加上播主出场费、服务费、销售佣金等，仔细算下来不但不挣钱还赔钱，甚至有可能卖的越多赔的越多。对于企业而言，找顶级网红直播带货只是赚了个热量和曝光度，对于真正的利润增长没有啥帮助，是真真正正的赔本赚吆喝。

所以，从 2020 年开始，品牌方逐渐转变了运营策略。品牌方缩减了和头部主播的合作，转而通过性价比高的腰部直播达人打新品，日常款和爆款不会合作，而是会通过自有的整体销售体系来消化。

其实，要追求头部主播带货力强的秘密，无非就是价格在作祟。李佳琦、薇娅为什么能迅速卖货？他们的影响力只是一个很次要的因素，打动消费者下单购买最主要的原因是"全网最低价"，同时卖的都是知名品牌，有质量保障与品牌认证。那如果换成别的和他们影响力差不多，或者稍弱的主播，给他们低价，消费者同样会跑到这些人那边去买。

所以，一直以"全网最低价"为主导进行直播带货并不是长久之计，这使得知名品牌在不知不觉中就陷入价格大战中去了，同时也打乱了整体渠道布局和销售价格体系。原来拥有的品牌溢价能力被不断消耗，对于品牌的长期发展建设，不仅毫无益处，而且是在摧毁，简直就是慢性自杀。

网红直播带货数字营销的效果究竟如何？这个"谜题"除了国内品牌外，同样也让国际大品牌万分纠结。阿迪达斯、可口可乐、宝洁等都提出了同样的问题：过去的数字营销有点过度了，太注重短期效果，而忽略了品牌的建设。数字营销是一种渠道和沟通方式，由于过度追求短期数字效果，忽略了品牌建设，导致品牌影响力下降，甚至对几十年来累积的品牌资产形成了透支。由此，在当下的环境下，这几大国际巨头都不约而同地取消了CGO（首席增长官），重新回归CMO（首席营销官）。

2. 对产业链的间接"伤害"：在2020年直播带货的红海大战中，创意在逐渐"死"去。

随着企业对直播带货的需求成为营销的第一大需求，整个产业链甚至企业行业也都围绕此展开业务调整。据某数字营销公司的数据：2019年该公司的直播带货业务额占据了公司近35%的业绩，而2020年业务额超过50%。某娱乐自媒体人总结，由于2019年的整个文娱行业表现"惨淡"，现在已经在转型跟众多的MCN机构合作，对接企业，开始了跨界直播卖货。

似乎，所有人都看好直播带货这块大蛋糕，各行各业的资本和人才都加入了这场"红利"争夺战中。对于专注于创意服务的公关、广告、营销等行业而言，似乎有一点"无心恋战"。

直播的火爆，同样波及了广告营销企业。直播带货让很多品牌包括一直很稳的国际大品牌也坐立不安，开始要求相关广告代理公司在短期就实现漂亮的KPI。客户从品牌价值主张到追求短期利润的目标转向，导致传统营销渠道的创意根本无法开展。

由于不少业务被很多 MCN 机构或直播带货平台直接拿走，预算的减少和对眼前 KPI 的要求，导致整个行业在逐渐失去创意的动力。

3. 对资源分配的"伤害"：其他方面都受到了较大的影响，然而直播带货的效果却没那么美丽。

受整体大环境的影响，几乎所有的企业都在压缩推广费用。据第三方统计，2019 年中国广告市场总投放额少了约 15%，2020 年相比 2019 年还持续下滑 10% 以上。

逐渐减少的广告预算加之对直播带货的预算倾斜，那自然分配到传统网红、媒体 PR、创意制作、内容输出、人员配置等方面的预算就变的"能省则省"。

一位媒体人曾在朋友圈发出这样的评论：很多企业有钱跟网红合作，而没钱建立媒体关系，甚至对媒体及自媒体这块都满不在乎。那么我们想象一下，品牌方沉溺于和网红的合作中难以自拔，如果有一天遭遇危机公关，或者信任危机，还有媒体能为他发声吗？我想不会有的，因为即便他们没饿死也同样没有了发声的能力了……而那些一直合作的网红们会为他们发声吗？我想很大概率他们会立即撇清关系……这就是品牌方想要的结果吗？"

直播带货的效果真如我们看到的那么美吗？

据一位一直服务甲方企业的公关营销人士表示，她也替企业投放短视频和直播带货，但效果并不像媒体宣传的那么好，能真正达到品效合一的非常少。要卖得好就要拼价格，而且拉新来的用户，是否精准有效、是否能沉淀下来都很难说。

我们再来看看被吹捧为 2019 年度汽车界直播带货的代表案例——宝沃汽车携手×××以及众多电商、直播网红达人等全平台卖车，其对外宣传预定 1600 多辆，销售额 2.2 亿。但计算一下合作费用、平台推广费用和配套的一系列海陆空宣传，包括几乎动用了所有的汽车圈和广告营销圈自媒体，这笔钱算下来将近 1 亿元，而预定才 2.2 亿元，这还不是真正的最终成交额。

这么粗算下来推广费用占据了预定额的近50%，汽车行业卖一辆车的利润是多少？

然而宝沃卖车预定1600多辆背后，难道完全是宣传及直播带货的功劳？有一点非常重要，但几乎被所有人选择性忽视，那就是宝沃很早就推出了90天无理由退车（背后是神州租车支持，被退的车可以作为租车使用），还有低至1成首付以及各种优惠和3—7年的换购计划等等，这些才是真正打动消费者预定的关键所在。

当所有企业把大多数预算和精力都押宝到直播带货上时，这是一种危险的状态。也许我们应该冷静下来，直播带货仅仅是众多营销方式的一种，仅仅是一种沟通和销售方式而已，不是企业增长与突破的"救命稻草"。它却对企业的费用分配、渠道、价格体系以及品牌建设造成了一定的"伤害"。

第四节　正在被直播击垮的品牌 》》》

除了直播对品牌产生肉眼可见的伤害之外，危机似乎埋藏得更深。在直播带货背后，我们传统印象中的"品牌"概念及方法论似乎都在逐渐崩塌。

针对直播带货，英国剑桥大学尹一丁教授说："相对于传统工业化时代，在数字营销时代中长期营造的品牌变成了瞬间感受，当时的感受决定了对品牌的印象，也决定了买与不买。这个瞬间效应目前在营销链路发生了巨大的变化。"

这似乎与我们一直延用的品牌及营销理论有不同。无论是科特勒还是奥格威都说过"品牌是企业的长期资产，是一个系统工程，是长期累积在消费者心中形成的心智选择"。但现在我们用了很长时间甚至几十年累积的品牌资产，在直播带货面前，变的不再有优势，而跟新品牌放在一起被消费者拼价格选择，被选择或不被选择，是否都带着一点"落毛凤凰不如鸡"的既视感呢？

1）什么是"品牌瞬间感受"？

就是用户在受到外部刺激/影响的情况下，在 0.36 秒内，心里产生的化学反应。结果是接受或拒绝、喜欢或不喜欢、买或不买、好评或差评等。。

2）"品牌瞬间感受"案例

案例 1：直播带货中的被"洗脑"。

你有没有发现，通常我们在线下商场购买化妆品的时候，总是各个大牌专柜比来比去，然后再在选定的品牌品类里挑来挑去，中间可能还会上网搜一搜对比，或者咨询友人的建议。而整个决策过程一般都要 5—10 分钟甚至更久，而且在付款的最后一刹那，可能会因为某些外在因素（比如排队长，支付慢）等放弃购买。那个时候的我们是非常理智的，买与不买不是瞬间感受决定的。

而当我们跟着李佳琦直播带货的时候，体验就完全不同了。我们再也没有了以往的各种参数价格等做对比从而进行选择的理性，而是变成了跟着播主的吆喝可能就立马感性消费。"现在不买就是吃亏"的瞬间感受控制了我们的大脑，不自觉地点击支付。

这俗称为"洗脑"，是一种心理的情感感受，也可以通过语言、心理暗示等技术手段实现。只要是直播带货就很有可能会陷入被"洗脑"的节奏里。

案例 2：不知不觉中的五感体验。

为什么苹果公司规定一定要用户自己开箱，店员不允许代替？当我们打开苹果盒子的包装时，感觉一切都是那么完美。而其他品牌的盒子，要么太紧，要么太松，会立马让人产生懊恼情绪，从而在内心深处对品牌产生不完美的记忆。这就是乔布斯作为人性大师高明的地方，看似简单的开箱，其实背后都是对人瞬间感受的精准揣摩。

另外，很多人应该都有过住酒店的经历，我们会发现有很多酒店在进入的"一瞬间"就有一股让人闻着很舒服的香味，那酒店为什么要设计这种香味呢？相对于视觉，人的嗅觉更加敏感。这种特别的香味刺激我们的嗅觉，会激发我们的归属感和舒适感。可能只是一瓶小小的香氛，就能让我们感觉到五星级酒店的物有所值。这也是一瞬间感官对我们的支配。

现在，无论是线上直播还是线下消费，我们时刻都被场景营销出的沉浸式体验所"控制"，这其中，很多国际大牌尤其做得深刻，比如进入宜家、星巴克、麦当劳等，从你踏入大门的 0.36 秒时，场景就已经在默默地对你"洗脑"，让你消费了。

据说亚马逊是品牌瞬间感隐藏最深的高手。当用户浏览产品页面超过一定的时间但还没有下单支付时，亚马逊平台就开始备货了，当支付完毕后，产品就已经在物流配送中了。

3）未来品牌是客户对话的"界面"

在数字化时代中，品牌是客户对话的界面。不具备直接跟客户对话能力的品牌一定无法生存；不具备直接创造话题能力的品牌一定无法生存。品牌需要建立自己的平台推荐系统，才能被推荐到你的用户面前。

包括亚马逊、苹果、微软智能音箱在内的智能产品，它们不只是产品，更扮演着推荐官的角色，各大平台布局的生态系统，都在构建对话界面。未来的企业将不是被你认为的同业竞争者打败，而是被推荐系统打败。唯一的方法就是现在加入这个推荐系统，建立起自己跟客户直接对话的界面。

在这个对话界面中，以前是千人一面（界面同质化明显），现在是千人千面（各品牌都在努力营造差异化），而未来则是一人千面（就是同样的平台，却可以根据私人差异定制出最适合你的界面）。无论是品牌战略还是市场营销战略乃至企业顶层战略，一切商业的基础是价值，也就是"客户价值主张"。客户需要的不是品牌本身，而是品牌能满足客户需求的效能和服务。

而这一切都是在变化的，瞬息万变，且不断优化，永不停息。未来的产品和服务将是每个人看到的颜色或者品牌主张都是动态变化的，而一个人在不同时间区域或不同场景看到的也不同，有人称此为"活体"。

针对具体的品牌营销之道，诺贝尔经济学奖获得者丹尼尔·卡尼曼在《思考，快与慢》中揭示："人是感性动物，95%的人作出的决策是基于第一系统感性直觉思维，然后他们会主动给自己的行为找第二系统理性的理由来支撑和解释。"

"品牌瞬间感受"的时代，无论 TOB 还是 TOC，这里有一条万用定律可使用：TOC 营销＝70%的感性诉求＋30%的理性诉求，TOB 营销＝70%的理性诉求＋30%的感性诉求，所有的营销都少不了"感性诉求"。因此，在"品牌瞬间感受"的时代中，唯"感"不破！

第五节　2021 年的"618"——品牌与主播的拉锯战 》》

2021 年是带货直播整体局面开始有所改变的一年。品牌方在前两年来既取得了和头部主播合作带来的巨大销售业绩，同时也被这业绩背后的亏损伤害得暗自神伤。在 2021 年，他们似乎有了一定的转变。从李佳琦和薇娅在 2021 年的"618"大促上的表现来看，品牌方终于醒悟了，他们从四方合作的最弱势群体中似乎找到了属于自己的节奏，不再是被胁迫着拿出全网最低价了。

对于全网最低价一向志在必得的薇娅似乎失手了，往常在议价权方面极为弱势的品牌方难得硬气了一回。品牌方宁愿不合作，也不愿意交出议价权，不再愿意做赔本赚吆喝的事情了。

在 2021 年的"618"中，淘宝直播的用户们虽然还和往常一样紧盯着李佳琦和薇娅的直播间，指望着薅羊毛，虽然最终的数据表面上看着不错，但明眼人都知道，直播带货似乎有点带不动的迹象了，是直播带货的风口快要过去了吗？

非也非也，2021 年"618"的销售数据不到预期，和直播风口没有关系。风口还在那里，只是品牌方和主播的博弈进入了新的阶段。

一个必然的逻辑，如果薅不到羊毛，那么销售达不到预期是必然的。

很多关注李佳琦的消费者注意到了李佳琦也存在着同样的困境。如果两位主播都一起关注了的话，还能发现李佳琦和薇娅在 2021 年的 "618" 中，这两个在各自领域的王者似乎撞车了：他们不但卖的东西基本一致，就连价格都一样，而且往常的全网最低再也不敢贯彻全场直播了。

细究根底发现，品牌方终于开始防守反击策略了。从 2020 年开始，一些品牌开始转移直播策略，尤其很多大品牌，他们不再青睐头部主播，而选择那些看起来性价比更高的腰部主播，但结果差强人意。在目前的直播带货市场中存在严重的两极分化，超过九成的用户被不到一成的头部主播垄断，导致腰部主播很难完成预定的销量。虽然在弱势品牌的带货方面，腰部主播的表现还算可圈可点，但在和大品牌的合作中，销量就不尽如人意了。

前文我们曾经推测过未来 5—10 年的直播带货形势，未来有可能出现网红主播联手平台做到信息的屏蔽和垄断，任何商品可能都需要仰其鼻息的局面。虽然这只是一种基于现状的合理化猜测，但如果直播带货像之前的模式一直运营下去的话，不可否认这种情况出现的概率还是比较高的。

而 2021 年的 "618" 也让一直以来顺风顺水的头部主播看到了危机。

首先一个现实的危机就是——薅羊毛党退散，这可以说是危及生死的巨大危机。相比于薇娅来说，李佳琦要稍微好点，就算不贩卖薅羊毛的噱头，还可以走专业美妆的路线，暂时退路无忧。而对于淘宝女王薇娅来说，问题就大了。薇娅带货一向很杂，唯一统一的优势就在于价格，所以她的直播间里假粉很多，这些人的人生信条就是："有利则来，无利则去"。虽然近两年来薇娅也意识到了这个问题，努力打感情牌，但目前看来效果难以达到预期。当薇娅在大品牌面前拿不到议价权后，直播间还能留住多少人？

好在目前只是一个苗头，想要破局或许还得从以下几个方面着手：

1. 不一味要求全网最低，而改为追求除品牌店外的最惠。两个策略略有差异，也许是当前面对强硬起来的大品牌的暂时之策，这个策略再加上打感情牌的话，暂时可稳住目前的局势。

2. 加快整合个人的私域流量，要想办法将粉丝固定下来。加快打造专属于自己的个人 IP 品牌。

3. 在选品上要扩张领域，不能在原来的家庭妇女喜闻乐见的快消品上蛰伏不动，应该主动出击。同时选品还应该保持严选的态势，但不妨给自主品牌或者国产品牌一些合作的机会，丰富货源。

说了品牌和主播，那么我们接下来说说用户这边。

原本是品牌方和主播们的博弈，却"城门失火殃及池鱼"。预想的羊毛没薅上，虽然去品牌方的官方店依然能薅，但架不住太分散了，光是时间成本和选择成本就比原来守在直播间里高了很多。而"618"那不及预期的销售额度也从侧面说明了羊毛党退散的现状。

直播带货这把火要熄灭了吗？其实，还早着呢。任何行业都不可能一帆风顺，现在因为品牌方的觉醒而造成的直播带货的暂时冷却在我看来不仅不是一件坏事，反而还是一件好事。

从品牌方的角度来看，他们依然没有放弃直播营销的渠道，只不过是改变了方法。从和头部主播的合作转变为用心经营自己的专有店铺了，他们也意识到了在未来，谁能抓住用户，谁才能抓住发展的势头。

从主播的角度来看，头部主播暂时受挫，但也同时纠正了直播中的极端局面。为了讨好粉丝一味打压品牌方的做法属于杀鸡取卵，并不可取。头部主播也应该冷静下来重新思考和品牌方以及和粉丝之间新的相处之道了。

而对于腰部主播来说，似乎是一个转机。直播带货市场上几家独大的格局有可能因为这样的博弈而得到改善，他们也有更多的机会分到一些客户和品牌。虽然暴富的神话破灭了，但努力经营下去，得到一个还算不错的结果的可能性无限增大了。

对于新手主播来说，同样是个好消息，而且蕴含机会。比如依照品牌店铺的发展需要，他们必然要培养自己的主播店员，这样就为新手主播提供了另一条康庄大道，就是去做店铺主播。背靠大树边学习边进步，在保障生存的基础上，慢慢来，也许有朝一日也能成为红极一时的大主播！

而从用户的角度来看，如果直播带货的市场只能通过羊毛党们来撑起的话，那么这个市场显然是非常不健全的。让市场回归到它本来的样子，让直播带货更加健康和理性的发展。

第六节　品牌方的未来直播之路 >>>

直播带货的目的主要是促进销售，但这种方式并非适合所有品牌。而直播带品牌将成为电商营销的一个趋势，它会在未来逐渐成为营销的常规操作。

最近几年，直播带货这个概念被吹得神乎其神，疫情之下，直播带货更是成为许多品牌面对疫情黑天鹅事件的救星。这也让很多公司的市场部变得越来越焦虑，本来按照自己市场部节奏进行的品牌推广也被冲击得七零八落，被迫进入本不熟悉的直播带货领域。

表面上看，直播带货好处多多，它能让商品在线上实现最大程度的可视化，能够快速提升销量，能够让投入产出比更加清晰。那么直播是不是非常完美的营销方式？

在这里，必须分清直播带货和直播带品牌的区别。

淘宝直播负责人赵圆圆在多个场合说过，直播带货的本质就是电视购物。按照这种说法来看的话，直播带货的本质就属于促销，它通过大声吆喝、降价、买赠等方式来促进商品快速销售。

电视购物和当下的直播带货在形式上几乎是一样的，激情的叫卖、夸张的肢体语言、低折扣促销，让消费者在短时间内下单购买。

这种商业模式能够可行，最核心的因素有两个。

低单价：商品的价格不能太高，否则没法促进冲动消费。薇娅所带的大部分货都走低价路线，也有高价单品，但效果不是很理想。这说明价值太高的东西，客户的决策也会相应更为谨慎，不是主播轻易能够主导的。

高折扣：商品必须有高折扣，否则消费者也没必要在直播的时候购买了。只有折扣大，才能促使消费者进行冲动消费。

如果没有这两个条件，直播带货就起不了什么作用。比如你基本上没见过知名品牌参加电视购物，因为这些品牌已经为广告付出了很高的成本，再打高折扣肯定就要赔本了，所以那些参与电视购物的，几乎都是从来没听说过的品牌。还有单价太高的商品，如房、车等，也基本没法通过这种方式销售。

那么这些不适合直播带货的商品就不能参与这种全新的营销方式了吗？这就要说到直播的另外一种方式，这种直播方式不是要快速卖出多少商品，而是为了实现品牌曝光和推广，这与广告的目的差不多，为了区分，我将其称为"直播带品牌"。

前几年有一些企业喜欢做一种直播，就是邀请一批网红和普通消费者来参观自己的工厂，像长城、蒙牛都做过这种营销。他们通过直播参观工厂并不是要带货，而是让受众了解自己的工厂是先进的，自己制造的产品是安全的，从而提升品牌在消费者心中的形象，这就属于直播带品牌。

了解特斯拉的都知道，现在特斯拉不管是官方还是店面销售经常做直播，我在《2月销量大涨，特斯拉为何不受疫情影响？》中写道，在这次疫情影响下，大年初三特斯拉就已经在线上开始直播了。

但如果你以为特斯拉是为了带货，那就大错特错了。其一，特斯拉单价至少在30万元左右，不大可能有人看了直播就立马冲动下单，其二，特斯拉实行统一价策略，不管你什么时候买，都不会便宜一分钱，这种情况下直播怎么能带货？

特斯拉直播是为了品牌推广，让那些不了解特斯拉的人通过观看直播了解特斯拉的各种功能、黑科技等等。通过长期直播，在消费者心中形成好的品牌印象，促进消费者未来的购买行为。

电视购物与直播带货作用类似，更多是为了在短时间内促进销售。差别在于，现今的直播带货有一定比例的品牌推广作用，尤其是对于像李佳琦、薇娅、罗永浩这样的头部主播来说，品牌推广的比例还会更高一些。

直播带品牌与广告的作用类似，它们不是要通过单次营销活动大力促进销售，而是通过这种长期营销方式，在消费者心中建立品牌影响，影响消费者未来的消费决策。

不是所有品牌都适合直播带货

上面说了，想要直播带货的品牌需要满足低单价和高折扣的条件，直播带货并非百利而无一害的营销方式，一些不具备直播带货条件的品牌如果强行带货，那会带来一些问题。

低价效应降低品牌力

直播带货建立了商品低价、高折扣的印象，几乎每一个看直播的人都会冲着低价而来。如果你的商品平时很少降价，参加直播后却给出了比较大的降价幅度，那它就向市场传递了一个信号：平时你的商品价格过高，直播间的价格才是真的。

一旦直播的商品给消费者留下了低价的印象，再想拉升品牌力，是非常困难的。

罗永浩直播带货小米 10 时，基本是原价销售。这个选择还是比较明智的，小米 10 刚推出不久，如果打折销售，那么消费者下次购买时永远会等到低于这个价格时再购买。

同样的道理，高端商品比如奢侈品是绝对不适合直播带货的，奢侈品是品牌力最强的品类之一，一旦其为了直播带货降价销售，其高利润的品牌力根基将会被动摇。

企业经营的目的一定是获取利润，如果降价的直播带货无法让商品获取利润，反而降低了品牌力，那这种方式显然是得不偿失的。

夸张、夸大带来翻车风险

直播是一个放大器，它能让商品迅速扩大曝光度，迅速实现大量销售，也能让商品的缺陷最大程度地暴露。

不少主播在直播时免不了会夸张。就拿化妆品来说，大部分播主在直播的时候是会开美颜滤镜的，在此基础上进行的所谓美颜美白效果，有几分真？

同时，不少播主在直播的时候乱用故事和数据，让消费者信以为真，等东西真到手了，发现与播主说的相去甚远，不免对品牌产生负面印象。

还有一些尚未建立完整供应链和产品体系的新品牌，在准备不充分的时候上直播，可能会带来发货慢、商品有残次等问题，影响商品在消费者心中的形象。

商品每一次与消费者接触就是一次机会，好的接触会让消费者成为粉丝，而不好的接触可能会让消费者对品牌产生抵触心理。

中国消费者协会发布的《直播电商购物消费者满意度在线调查报告》中显示，37.3%的消费者在直播购物中遇到过消费问题，"夸大其词""假货太多""鱼龙混杂""货不对板"等问题较为严重。

大部分直播不能带来品牌忠诚

直播能带来品牌忠诚度吗？我觉得很难。一个本来比较知名的品牌即便不直播你也会经常买；而一个不知名的品牌，很多人都是冲着便宜消费的，一旦它在直播后恢复了日常价，就不会再有吸引力。

薇娅、李佳琦一年要带几千种货，除了本来你就知道的品牌，现在你能记住的并且还会购买的产品有几种？

另一个原因是，本身有强品牌意识的商品不需要靠一次直播来提升品牌，而缺乏品牌意识的商品即便直播短时间内获得大的曝光，后续也不大会做提升品牌的事。没有品牌就根本谈不上品牌忠诚。

直播带货带不来品牌的忠诚度，只能带来主播的忠诚度。大部分用户都知道在李佳琦、薇娅那儿买东西便宜，便成为他们的粉丝，但并不是他们所带商品的粉丝。这就像每年"双十一"最大的赢家不是任何一个商家而是淘宝平台自身。

没法解决持续性流量

安迪沃霍尔说："每个人都能当上 15 分钟的名人。"在移动互联网时代，当 15 分钟的名人或许不难，难的是当更长时间的名人。

一个不知名的品牌，上了网红的直播，就像当了 15 分钟的名人。在这 15 分钟内，品牌大幅曝光，销量大幅上涨，但直播过后呢？

如果你没有过硬的产品，没有让消费者记住你的品牌，那你就很难让销售持续下去。一次直播带货给你带来的结果就是"本以为是开始，没想到是巅峰"。

直播带品牌才是常规操作

直播带货并不适合所有品牌，但直播带品牌几乎适合所有品牌。在移动互联网 5G 时代到来的今天，直播带品牌应该算是营销的一种常规操作。

比如海底捞的后厨直播计划。任何人在吃饭前都可以通过直播看到厨房的环境、食材以及制作。通过这种直播，海底捞在消费者心中建立的是安全、卫生、信任的品牌形象。

小米是疫情后第一个进行线上发布会的，小米 10 就是通过线上直播的方式进行发布的。这也是典型的直播带品牌，这种方式很可能在未来成为主流。

前段时间，LV 进行了一场直播，其土味的直播风格被不少网友吐槽，这与其与生俱来的高级感格格不入，也与奢侈品品牌的定位背道而驰。从品牌角度来看，这场直播对于品牌印象的打击是不小的。

但如果 LV 将这次直播换为品牌直播，搭建一个高大上的直播台，做一次高级的产品展，那即便当场没有太多销售，但其对品牌的帮助也一定是巨大的。

现今，如果你打开淘宝，进入一家比较有知名度的旗舰店，你几乎都会在右上角看到"掌柜在播"，点进去的确会看到掌柜主播正在直播商品（实际上是录播），但是价格并没有便宜。

这种方式不算直播带货，而属于直播带品牌。消费者通过直播了解产品、了解品牌，觉得合适后购买。这种方式在当下算是一种常规的品牌营销，是每个品牌都应该做的。每个品牌有新品或新活动的时候，都应该进行这样的直播。

这也代表了电商常规营销的改变，最早旗舰店只有图文，现在短视频已经是常规操作。

罗永浩直播有带品牌元素

这里来聊一聊罗永浩。罗永浩总体来讲也属于直播带货，但同大部分单纯带货的主播相比，他还有不一样的地方。

在对于品牌的理解和推广方面，我认为薇娅加李佳琦与罗永浩之间还差不少。罗永浩对品牌的理解从其在做英语培训到做锤子手机，绝对是领先行业一大步，因而他在直播带货中也有更多的品牌推广元素。

罗永浩做直播并非追求绝对低价，比如在直播小米 10 中就没有优惠，反而因为罗永浩和朱萧木都是业内人士，对于小米 10 各种功能和品牌的介绍，让更多人对小米有了了解。因此，我觉得罗永浩直播小米的方式，直播带品牌的元素大于直播带货。

同样，罗永浩销售长城汽车，也不算直播带货，而算直播带品牌。因为仅仅 10 台半价车，目的显然不是为了快速实现汽车销售，而是通过这次直播让长城汽车的品牌实现更大曝光，这实际上是一次广告。

罗永浩曾在面对腾讯新闻采访时说到直播带货低价的问题："我们只追求每次都要厂商给我们最低价，但其实并不追求低很多。我们希望直播室的用户每次能买到最低价，但不希望厂商因此赔钱赚吆喝。"

如果一件商品的价格没有便宜多少，那么在直播的时候，你就不能大力地将便宜作为宣传点，它就不能算是我们定义的"直播带货"。因为不能将便宜作为主要宣传点，那么就会有更大的篇幅介绍品牌和产品。在这种情况下，它更多地应该算直播带品牌。

总结：直播带品牌大于直播带货

最后做一下总结，直播这种营销方式在今天依旧当红。大部分人认为的直播仅是直播带货，其实直播分为两种：

第一种是直播带货，它的目的主要是促进销售，但这种方式并非适合所有品牌。单价高，希望打造高端品牌形象，拥有高品牌溢价的品牌，产品和供应链还不完善的新创品牌等并不适合做直播带货，典型的如房子、汽车、奢侈品等等，强行直播反而带来负面影响。

第二种是直播带品牌，这种方式将成为电商营销的一个趋势，它会逐渐成为营销的常规操作。